CLASSIQUES POPULAIRES

Edités par

LECÈNE, OUDIN & Cie

PAUL MORILLOT

PROFESSEUR A LA FACULTÉ DES LETTRES DE GRENOBLE

PARIS, 15, RUE DE CLUNY.

ANDRÉ CHÉNIER

ANDRÉ CHÉNIER (à 11 ans)

Reproduction de Cazes fils, 1773.

(Musée de Carcassonne.)

COLLECTION DES CLASSIQUES POPULAIRES

ANDRÉ CHÉNIER

PAR

PAUL MORILLOT

ANCIEN ÉLÈVE DE L'ÉCOLE NORMALE SUPÉRIEURE
PROFESSEUR A LA FACULTÉ DES LETTRES DE GRENOBLE

Orné de plusieurs reproductions d'après CAZES fils,
MALLET et SUVÉE

PARIS

LECÈNE, OUDIN ET Cie, ÉDITEURS

15, RUE DE CLUNY, 15

1894

ANDRÉ CHÉNIER

CHAPITRE PREMIER

LA LÉGENDE ET LA CRITIQUE.

Voici bientôt un siècle que, sur la place de
la barrière de Vincennes, à la veille du neuf
Thermidor, la hache révolutionnaire a brutale-
ment tranché en pleine sève la noble existence
d'André Chénier, et détruit du même coup la plus
belle espérance de poésie qui ait apparu en France
depuis Ronsard. Ce tragique événement a sans
doute assuré pour jamais à la victime l'ardente
sympathie de tous les cœurs, mais il a terrible-
ment compliqué la tâche de la critique : si bien
qu'après cent ans révolus on hésite encore, et on
hésitera longtemps, à assigner à André Chénier
sa juste place dans l'histoire de notre poésie
nationale.

Ce n'est pas que les hommages aient fait défaut à l'auteur de la *Jeune Captive*. Aucun poète
n'a été loué dans notre siècle d'une voix plus
unanime ; la piété publique lui a voué de bonne

heure un véritable culte, auquel il peut sembler presque impie de vouloir rien changer. Nous n'aimons pas André Chénier seulement pour lui-même, pour sa belle infortune, pour sa jeunesse immolée, pour son œuvre mutilée, nous le chérissons aussi pour toutes les nobles passions et les rêves généreux que nous nous plaisons à incarner en lui : l'aimer, c'est une façon de proclamer en même temps notre respect pour la liberté et d'affirmer notre foi innée dans la revanche finale du génie contre les injustices terrestres. A ce culte d'André Chénier notre goût n'est pas seulement intéressé, mais aussi notre cœur et notre conscience morale elle-même. Aussi a-t-il été jusqu'ici bien difficile, pour ne pas dire impossible, de l'apprécier avec toute l'impartialité nécessaire : on l'aimait trop pour le bien comprendre, et de fait il n'y a pas longtemps que l'on a commencé à le connaître vraiment.

Ce qui a aussi beaucoup contribué à entourer d'un nimbe presque mystérieux l'idéale figure d'André Chénier, c'est la lente et progressive évocation de ses œuvres posthumes à laquelle notre siècle a assisté. Ç'a été une résurrection, mais qui a duré cent ans et qui n'est pas encore terminée. André Chénier n'a publié que plusieurs articles de journaux et deux pièces de vers, dont l'une au moins est assez médiocre, l'ode sur le *Jeu de Paume* et l'*Hymne aux Suisses de Chateauvieux*. Collot d'Herbois, pour le distinguer de son frère Marie-Joseph, le poète tragique, l'appelait « prosateur stérile. » Quand il mourut, personne, à part quelques amis, ne

se douta de la perte que faisaient les Muses.
Parmi ses compagnons d'échafaud, sur la charrette qui le menait au supplice, se trouvait
Roucher, l'auteur des *Mois :* pour tous les spectateurs de ce lugubre drame, n'en doutons
pas, c'est Roucher qui était le poète, et non
André. Mais une fois mort, on peut dire que
la pierre de son tombeau s'est soulevée et a
laissé échapper lentement, un à un, tous ces
mélodieux poèmes que l'auteur avait ciselés
avec tant d'amour. En 1795 Millin publie la
Jeune Captive. En 1801 paraît la *Jeune Tarentine.*
En 1802 Chateaubriand, dans le *Génie du Christianisme,* met au jour quelques fragments nouveaux,
« dignes de Théocrite », et salue en Chénier
un beau talent moissonné dès l'aurore, comme
Gilbert et Malfilâtre. En 1816 c'est le *Mendiant* qui
nous est offert. En 1819 paraît enfin la première
édition, d'après les manuscrits originaux laissés
à Marie-Joseph et venus aux mains de Daunou
d'abord, et de Henri de Latouche ensuite : édition
très peu critique, assez incomplète, et dont le
plus clair mérite est d'être la première. Cependant l'exhumation de l'œuvre d'André Chénier
a continué par la publication du *Commentaire
de Malherbe,* par les belles études de Sainte-
Beuve, par les ingénieux aperçus de Guillaume
Guizot, par les découvertes fortuites de plusieurs
érudits, jusqu'au jour où le neveu du poète,
Gabriel de Chénier, s'est décidé à publier à peu
près au complet les vers de son oncle, c'est-à-
dire non seulement les morceaux achevés, mais
aussi toutes les ébauches à peine commencées

(1874). Aujourd'hui même il reste encore à la Bibliothèque municipale de Carcassonne un dossier Chénier, qui contient certains manuscrits inédits jugés peu intéressants par l'éditeur. Qui sait si de cette liasse ne sortira pas encore plus d'une pièce curieuse, et si nous pouvons nous flatter de posséder dès maintenant les œuvres absolument complètes du poète des *Iambes ?* Destinée étrange et vraiment unique, bien propre à frapper l'imagination de la foule : un siècle entier aura à peine suffi à réparer la stupide erreur d'un moment, et à nous redonner l'André Chénier que Fouquier-Tinville croyait avoir supprimé pour toujours. Il nous est rendu mutilé, et cependant grandi et idéalisé par le malheur. Ses poésies auront toujours l'attrait mystérieux des choses que la mort a brisées.

Aussi la légende a-t-elle pris de bonne heure le pas sur la critique : il y a sur la personne et sur l'œuvre d'André Chénier une opinion toute faite, qui n'est qu'à moitié exacte, et qu'on aura bien de la peine à rectifier. On aimera toujours à se représenter l'auteur de *Myrto* comme un jeune homme très beau et très doux (certains même ont dit très blond), à l'âme tendre, aux mœurs candides, fauché dans sa fleur au seuil même de la vie, après avoir adoré dans sa prison une jeune et pure « captive », vouée comme lui au trépas. On croira toujours qu'il fut égorgé comme un « pauvre mouton bêlant », inoffensive victime, et qu'au pied de l'échafaud il essayait encore sa lyre, c'est-à-dire qu'il fut entraîné vers le supplice au moment même où il saluait dans ses vers la venue du « messager de mort, noir recruteur des ombres ». On dira encore qu'avant de livrer sa jeune tête au bourreau, il récitait avec son ami Roucher la première scène d'*Andromaque*, ou bien qu'il s'écriait en se frappant le front : « Mourir ! et pourtant j'avais quelque chose là ! » On s'ingéniera à rechercher ce *quelque chose* dans ses œuvres, et on croira y découvrir une poésie inconnue jusqu'alors à la France. N'a-t-on pas coutume en effet de considérer André comme un pur Hellène, venu des rives du Bosphore pour faire resplendir sur notre vieux monde épuisé l'antique idéal de la Grèce, — et en même temps, par je ne sais quel prodige de son génie, ne nous apparaît-il pas comme un apôtre de la Révolution romantique, et comme un montreur de voies nouvelles ? A la fois ancien et moderne, il semble nous avoir rendu Homère et avoir annoncé Lamartine. Tel est l'André Chénier romanesque et assez peu réel, auquel on nous a appris à croire, et auquel la légende a élevé une chapelle expiatoire tout au bout du xviiie siècle avili.

Il en est un autre, le vrai, qui n'est assurément pas le contraire du précédent, mais qui en diffère pourtant sur certains points. Celui-là, nous commençons à le connaître depuis les remarquables travaux de Sainte-Beuve et de M. Becq de Fouquières, deux fervents admirateurs du poète, grâce aussi aux pénétrantes études de Schérer et de M. Emile Faguet (1), grâce surtout

<hr>

(1) Voir *Dix-Huit ème siècle*, étude sur André Chénier, par Emile Faguet, 1 vol. in-18 jésus, br. 3 fr. 50, chez Lecène, Oudin et Cie.

au livre très documenté, très scrupuleux, très
personnel, encore qu'un peu sévère, que vient de
lui consacrer un professeur d'une Realschule de
Hongrie, M. Jules Haraszti. A cette juste esti-
mation de la personne et du talent de Chénier,
quelques-unes de nos illusions tomberont peut-
être : il arrivera que ce que nous prisions le plus
chez lui n'était peut-être pas ce qui s'y trouvait
de plus admirable. Mais le Chénier qui est assuré
de demeurer toujours est encore assez beau pour
dominer toute la poésie du XVIIIe siècle et pour
faire un très grand honneur aux lettres françaises.
Il regagne à peu près d'un côté tout ce qu'il
perd de l'autre, à être débarrassé des fanfreluches
dont on l'entourait et des bandelettes sacrées
dont on ceignait sa tête.

CHAPITRE II

ANDRÉ CHÉNIER AVANT LA RÉVOLUTION (1762-1790).

André-Marie Chénier (souvent nommé Chénier de Saint-André) était le troisième fils de Louis Chénier, établi à Constantinople comme député commercial de la province de Languedoc et chargé des fonctions de consul général de France. La mère d'André était une Grecque, Mlle Elisabeth Santi-Lhomaka, dont la famille, originaire de l'île de Chypre, s'était fixée depuis longtemps déjà à Constantinople ; une sœur d'Elisabeth épousa aussi un Français, M. Amic, député du commerce de Marseille, et fut, par sa fille, la grand'mère d'Adolphe Thiers.

M. et Mme Louis Chénier élevèrent cinq enfants :

Constantin-Xavier, né en 1757, mort en 1837, après avoir été consul général en Italie, en Grèce et en Prusse.

Louis-Sauveur, né en 1761, fit sa carrière dans l'armée : il fut emprisonné sous la Terreur à peu près en même temps que son frère André, mais il eut le bonheur d'échapper à l'échafaud ; il mourut en 1823, laissant un fils, Gabriel de Chénier, qui a été l'éditeur d'André, et un petit-fils avec lequel s'est éteint le nom des Chénier.

André-Marie, le poète des *Iambes*, né à Galata, Pereh-Bazar, au consulat de France, le 30 octobre 1762.

Joseph-Marie, le conventionnel, l'auteur de *Charles IX* et de *Tibère*, le grand homme de la famille jusqu'au jour où fut exhumée l'œuvre d'André.

Une fille, Hélène Chénier, qui était probablement l'aînée de la famille, épousa le comte La Tour-de Saint-Ygest, dont la descendance subsiste encore.

Les Chénier quittèrent Constantinople dès 1765. André, qui avait à cette époque deux ans et demi, ne retourna jamais dans sa patrie, jamais non plus il ne vit la Grèce. Ce détail a bien son importance, quand on cherche à définir l'*hellénisme* de Chénier : l'influence du sol où il est né a été nulle sur le développement de son génie. Celle de ses parents fut plus réelle, surtout celle de sa mère. Mme Chénier était belle, spirituelle, érudite, passionnée pour les arts, pour la danse, le chant, la musique, le dessin, la peinture ; elle collabora avec le savant Guys dans son *Voyage littéraire en Grèce* ; elle était très versée dans la langue grecque, non seulement dans celle de Byzance qui était son idiome naturel, mais aussi dans celle des vieux poètes : femme vive et mondaine, avec une pointe de poésie et de roman, très sensible au plaisir, ayant par-dessus tout le culte du beau qui lui tenait lieu, semble-t-il, de toute autre religion. André hérita de plusieurs de ces dons : chez lui le poète, l'artiste, l'adorateur des belles formes dut beaucoup à la mère. Le citoyen en revanche dut presque tout au père : un caractère droit, une volonté énergique, un âpre désir de justice, une obstination très fière, mais un peu étroite dans certains principes.

La famille Chénier revint en France et se fixa à Paris, rue Culture Sainte-Catherine. Le père n'y demeura pas longtemps : il dut s'expatrier de nouveau pour continuer sa carrière diplomatique : il partit bientôt pour l'Afrique, en qualité de consul général auprès de l'empereur du Maroc, laissant à Paris sa femme et ses enfants. C'est durant cette première absence de son père que le jeune André alla passer quelque temps dans le bas Languedoc auprès d'une de ses tantes. A ce séjour se rattache un de ses plus anciens souvenirs d'enfance : une grotte dans une montagne, près de Limoux, où le peuple venait en pèlerinage, et au fond de cette grotte deux madones, et une fontaine « d'une eau superbe et claire » : « Si jamais, disait-il quinze ans plus tard, j'ai dans un pays qui me plaise un asile à ma fantaisie, je veux y arranger, s'il est possible, une fontaine de la même manière avec une statue aux nymphes et imiter ces inscriptions antiques : *De fontibus sacris.* »

M. Chénier revint en 1773 passer deux ans en France, et il plaça alors ses fils au Collège de Navarre. Là André contracta quelques fidèles et précieuses amitiés, qui l'accompagnèrent jusqu'au bout de sa courte existence.

Il se lia intimement avec les jeunes Trudaine,

fils d'un conseiller d'Etat, intendant des finances ;
ils étaient deux frères, Trudaine de Montigny et
Trudaine de la Sablière, qui devinrent tous deux
conseillers au Parlement : hommes de savoir et
de goût, qui aimaient à s'entourer de littérateurs
et d'artistes : le salon de leur mère fut, au temps
de la jeunesse d'André, un des rendez-vous de
la société libérale, et nulle part l'annonce de la
Révolution ne fut accueillie avec plus d'enthousiasme. Les deux Trudaine devaient avoir une destinée semblable à celle de leur ami ; emprisonnés
vers le même temps, ils montèrent sur l'échafaud
le 8 thermidor, vingt-quatre heures après lui.

André connut aussi au Collège de Navarre
les trois frères de Pange, dont le second, François, littérateur distingué, devint un de ses
amis les plus chers, et mourut très jeune, deux
ans après Thermidor. Bien souvent les de Pange
entraînèrent leur condisciple dans la propriété
de leur père, à Mareuil-sur-Ay en Champagne,
comme faisaient les Trudaine à Montigny, près
de Melun. Le poète s'est souvenu dans ses vers,
à plusieurs reprises, des jours heureux qu'il y
avait passés.

Nommons encore, parmi ces compagnons de
plaisir et d'étude chers au cœur d'André, le
plus tendre et le plus aimé de tous peut-être,
« Abel, doux confident de ses jeunes mystères »,
Abel de Malartic, chevalier de Fondat, que l'on a
souvent confondu avec le cadet des frères de
Pange. Telles furent

Ces vieilles amitiés de l'enfance première,

qui ont inspiré à André tant de beaux vers des *Elégies*, et que le poète, avant de mourir, invoquait tristement encore une dernière fois au fond de sa cellule.

Nous avons très peu de renseignements sur les études qu'il fit au collège de Navarre. Nous savons seulement qu'il obtint, en 1778, le premier prix de discours français ; qu'il s'éprit d'une vive passion pour la poésie ; qu'à peine parvenu à l'âge de seize ans,

> *Sa* jeune lyre osait balbutier des vers ;

qu'il cultivait fort les odes de Sapho, et qu'il imitait des passages d'Homère et de Virgile. A dix-neuf ans il s'affirmait déjà fièrement comme *citoyen du Pinde* et *citoyen de Cnide*, *pontife d'Apollon et convive associé aux banquets de Vénus :*

> Mon cœur s'ouvre avec joie à l'espoir glorieux
> De chanter à la fois les belles et les dieux.

Ses maîtres de poésie furent naturellement ces anciens vénérés dont il commença de bonne heure à « envahir les richesses ». Ce fut aussi maître François Malherbe, comme en témoigne un exemplaire (édition Barbou, 1786, petit in-8°) du vieux poète normand, qui servit de livre d'études au jeune André et qui contient, écrites de sa main, un assez grand nombre d'annotations curieuses (1).

(1) MM. Antoine et Tenant de Latour ont réédité en 1842 ce *Malherbe* avec les notes manuscrites d'André Chénier.

Ce fut surtout Ecouchard Lebrun, le pompeux et pindarique Lebrun, que ses contemporains admiraient fort pour son génie lyrique et que nous n'estimons plus aujourd'hui que pour quelques épigrammes. André a proclamé lui-même bien haut tout ce qu'il croyait devoir à Lebrun : « L'auteur (André) n'oublie pas de compter, parmi les études qui lui ont été le plus utiles pour développer en lui le peu d'instinct poétique que la nature a pu lui donner, la lecture souvent répétée des odes et des autres sublimes poésies que M. Le Brun lui a communiquées autrefois, et dont le recueil, glorieux pour notre langue et pour notre siècle, est trop longtemps caché aux regards du public ».

L'influence de Lebrun sur Chénier dut être fort grande, et n'a peut-être pas été assez remarquée. Lebrun, on vient de le voir, communiquait à son jeune ami, avant de les livrer à l'admiration du public, « ses odes et ses sublimes poésies. » De même André dut certainement confier à ce docte personnage tous les premiers essais de sa muse et aussi tous les grandioses projets qui bouillonnaient en lui. Quelque différence qu'il y eût entre le génie des deux poètes, Lebrun fut vraiment, au même titre que les Grecs et les Latins, le maître d'André Chénier. Cette sorte de préceptorat littéraire, qu'André ne craignait pas de rappeler en 1791, s'exerça surtout aux environs de l'année 1782, alors que l'élève en poésie avait vingt ans et prenait son essor. A cette époque André dut, à son grand regret, quitter Paris : ses frères aînés avaient déjà choisi une carrière, Constantin était dans la diplomatie, Sauveur était à l'armée. André se résigna à aller rejoindre à Strasbourg le régiment où son père l'avait fait entrer comme cadet-gentilhomme. Lebrun lui adressa à cette occasion une épître en vers, d'une facture assez médiocre, où il saluait par avance la gloire poétique du jeune officier :

> Ton laurier doit un jour ombrager le Parnasse :
> J'entrevois sa hauteur dans ta naissante audace...

et où il l'exhortait ingénument à prendre modèle sur lui :

> Aime cet art céleste et vole sur mes pas.

Un passage de cette épître nous apprend clairement qu'André à cette époque avait déjà trouvé sa voie, et qu'il songeait à « ranimer les pleurs de Properce » (les *Elégies*), en même temps qu'à « effacer le grand nom de Lucrèce » (*Hermès*). Il répondit à Lebrun par des éloges hyperboliques et par une profession de foi amoureuse :

> Qu'un autre soit jaloux d'illustrer sa mémoire ;
> Moi, j'ai besoin d'aimer : qu'ai-je besoin de gloire,
> S'il faut, pour obtenir ses regards complaisants,
> A l'ennui de l'étude immoler mes beaux ans ?

Dans une autre épître, adressée aussi à Lebrun, il disait moins de mal de l'étude, et l'associait à l'amour.

> Les ruisseaux et les bois, et Vénus, et l'étude
> Adoucissent un peu ma triste solitude.

Cependant il ne resta que six mois à Strasbourg : une maladie assez grave, dont il se ressentit toujours (1), le plongea dans une noire mélancolie et lui fit même souhaiter la mort :

Il vaut mieux n'être pas que d'être misérable.

Il abandonna l'état militaire, pour lequel il avait peu de vocation, et il revint à Paris.

Cet accident rendit André Chénier aux lettres, et exerça une influence décisive sur sa destinée. Les huit ou dix années qui vont précéder le déchaînement de la tourmente révolutionnaire, furent pour lui des années fécondes et heureuses. Presque toute la vie du poète a tenu dans ce court espace de temps, vie d'études et de plaisir, jours de printemps, « jours couronnés de roses » qui devaient avoir un si terrible lendemain. C'est le moment d'évoquer devant nous la figure d'André Chénier et de chercher à nous le représenter, non pas à travers nos illusions, mais d'après les témoignages authentiques qui nous en sont restés.

M. Gabriel de Chénier, en neveu trop zélé, s'est très fort indigné à la seule pensée qu'on pût mettre en doute la beauté de l'auteur des *Elégies*. Il faut pourtant bien en convenir, au grand désespoir des admirateurs passionnés de l'hellénisme de Chénier : André était assez peu grec par le visage et ne rappelait pas le moins du monde

____

(1) C'était la gravelle.

l'Apollon du Belvédère. Voici le signalement (peu caractéristique, il est vrai,) mentionné sur le procès-verbal d'écrou à Saint-Lazare en 1794 : « Taille de cinq pieds deux pouces, cheveux et sourcils noirs, front large, yeux gris-bleu, nez moyen, bouche moyenne, menton rond, visage carré. » — Écoutons maintenant ce que dit Mme la comtesse Hocquart, sœur de la Fanny du poète, qui avait beaucoup connu André à Louveciennes : « Il était à la fois rempli de charme et fort laid, avec de gros traits et une tête énorme. » Lacretelle, qui l'avait souvent entendu à la tribune des Feuillants, s'exprime ainsi sur son compte : « Ses traits fortement prononcés, sa taille athlétique sans être haute, son teint basané, ses yeux ardents fortifiaient, illuminaient la parole. » Tous ces renseignements sont, en somme, confirmés par le curieux portrait peint à Saint-Lazare, le 29 messidor an II, où l'auteur, J.-B. Suvée, un des compagnons de captivité d'André, l'a représenté assis de trois quarts, vêtu d'une redingote grise, la chemise déboutonnée, le cou entouré d'une cravate tricolore (1). C'est bien, malgré l'idéalisation de la peinture, l'André qu'ont connu et admiré

---

(1) Outre le portrait de Suvée, il reste aussi un André Chénier enfant, à onze ans, peint par Cazes, et un André Chénier à 30 ans, par Jean-Baptiste Mallet. Ces deux toiles sont au musée de Carcassonne, avec plusieurs autres qui concernent la famille Chénier : un portrait de Sauveur Chénier, et deux portraits curieux de Mme Chénier en costume oriental. Il existe encore un tableau d'ensemble (par Cazes) représentant toute la famille Chénier réunie ; ce tableau appartient à M. Azaïs.

Nous avons reproduit ici les portraits de Chénier enfant par Cazes et Chénier à 30 ans par Jean-Baptiste Mallet, ainsi que le portrait de Mme Chénier mère par Cazes.

Mme Hocquart et Lacretelle : ses épaules sont larges, sa tête est puissante et carrée, son teint est jaunâtre, son front dégarni et presque chauve ; mais au fond de ces yeux gris-bleu, que Suvée a représentés presque apaisés, on pressent la flamme ardente des *Iambes* : de cet ensemble imparfait se dégage ce charme singulier qui séduisait Mme Hocquart, et qui en a séduit bien d'autres avec elle.

Car, n'en déplaise aux âmes tendres qui aiment volontiers à se figurer l'auteur de *Myrto* ou de la *Captive* comme un lis immaculé, André « se livra souvent aux distractions et aux égarements d'une jeunesse forte et fougueuse ». C'est lui même qui nous l'a dit, non pas en vers, mais dans un grave et sérieux chapitre de prose (1) où quelques lignes plus bas il rappelle encore avec insistance les « chaleurs de l'âge et des passions » auxquelles il a été en proie. Poète érotique comme Lebrun, Parny et Bertin, il ne se contentait pas de chanter des Iris en l'air, c'est-à-dire les Lycoris et les Glycères des auteurs de l'*Anthologie*. Ses *Elégies* ne sont pas un simple jeu d'imagination poétique, ni une pure imitation des modèles anciens : il est aisé d'y démêler bien souvent des transports très réels et des passions nullement littéraires. André était fort lancé dans la société du temps et il fréquentait assidûment le monde où l'on s'amusait avant la Révolution : son nom est cité à plusieurs reprises par Restif de la Bretonne au

(1) Premier chapitre *sur les causes et les effets de la perfection et de la décadence des lettres*.

Reproduction de Cazes fils.

MADAME CHÉNIER

(Musée de Carcassonne.)

milieu de ceux des artistes, des poètes, des grands seigneurs et des grandes dames, qui enterraient gaiement les dernières années de la monarchie. — Il assistait aussi aux fameux soupers, très peu canoniques, de l'épicurien Grimod de la Reynière.

Mais il ne s'en tenait pas à ces plaisirs un peu faciles : il portait ses vœux plus haut. C'est ainsi qu'il éprouva une vive passion pour plusieurs personnes fort distinguées qu'il célébra dans ses vers sous des appellations d'emprunt, et dont la critique contemporaine a su assez indiscrètement retrouver les véritables noms. La Camille des *Élégies* (du moins de certaines élégies et non pas de toutes celles où il est question de Camille) semble avoir été la séduisante Mme de Bonneuil ; celle que Chénier dérobe à la curiosité maligne de ses lecteurs sous le nom de d'. r.., et qu'il appelle ailleurs la *belle insulaire*, ou plus clairement encore la *fille d'Arno*, était Mistress Maria Cosway, née en Italie sur les bords de l'Arno, et mariée à un peintre anglais, qui résida quelque temps en France. Enfin la Fanny des *Odes*, celle qui devait inspirer au poète une passion si pure et consoler son pauvre cœur accablé sous l'orage révolutionnaire, celle dont André évoquait en 1793 la douce image sous les ombrages de Trianon, était Mme Laurent Lecoulteux, sœur de la comtesse Hocquart, et fille de Mme Pourrat : André venait souvent à Louveciennes, au sortir des luttes passionnées qu'il soutenait, se réfugier dans cet intérieur honnête et charmant. Camille, d'Arno et Fanny ont été les trois Muses chéries d'André, celles qui l'ont fait poète. Mais à ces trois Muses il faut en ajouter une quatrième, qu'André a aimée par-dessus toutes, et pour laquelle il est mort : la Liberté.

Cependant, malgré tous ces plaisirs, il n'en retournait pas moins avec délices à son cabinet d'études et à ses vieux auteurs favoris. En ces quelques années il conçut les projets les plus divers : poèmes épiques, scientifiques, didactiques, idylles, élégies, tragédies, comédies même, il voulut tout tenter : il demanda leurs secrets à Homère, à Lucrèce, à Ovide, à Théocrite, à Properce, à Aristophane, à tous les anciens révérés : il jeta sur le papier une foule d'ébauches, comme s'il eût été assuré de vivre assez pour les achever toutes. « Mes muses sont vagabondes, écrivait-il à son ami de Pange : elles ne peuvent achever promptement un seul projet ; elles en font marcher cent à la fois. Elles font un pied à ce poème et une épaule à celui-là : ils boitent tous, et ils seront sur pied tous ensemble. Elles les couvent tous à la fois : ils sortiront de la coque à la fois, ils s'envoleront à la fois. » On sait que l'auteur ne put pas, hélas ! assister à cette belle envolée : les pièces mêmes qu'il eut le temps d'achever, il les conserva avec un soin jaloux, les montrant à peine à ses frères et à quelques amis. Il ne tenait qu'à lui pourtant de balancer la gloire d'un Lebrun ou d'un Bertin : par je ne sais quelle pudeur de poète, ou plutôt par un scrupule d'artiste, il ne publia rien : très différent en cela de son jeune frère Marie-

Joseph qui, dès l'âge de vingt ans, exposait imprudemment aux sifflets du public sa tragédie d'*Edgar ou le Page supposé*. André aspirait à autre chose qu'à un succès éphémère : c'est pour la postérité, c'est pour nous qu'il écrivait, et non pour ceux qui devaient l'envoyer à l'échafaud.

Sa vie, durant cette période, ne fut marquée que par deux événements.

En 1783, quelques mois après son retour de Strasbourg, André, souffrant encore de la maladie dont il avait déjà subi quelques atteintes, céda aux conseils de sa famille et de ses amis, et, pour remettre sa santé ébranlée, entreprit un grand voyage avec les frères Trudaine. C'est à cette occasion qu'il adressa à ses amis de Pange un mélancolique adieu, comme s'il ne devait plus les revoir :

> Vivez heureux ! gardez ma mémoire aussi chère,
> Soit que je vive encor, soit qu'en vain je l'espère.

Il leur disait aussi que son voyage devait durer deux ans, et qu'il verrait

> Marseille, où l'Orient amène la fortune ;
> Et Venise, élevée à l'hymen de Neptune ;
> Le Tibre, fleuve-roi ; Rome, fille de Mars,
> Qui régna par le glaive et règne par les arts ;
> Athènes qui n'est plus, et Byzance, ma mère ;
> Smyrne qu'habite encor le souvenir d'Homère.

Mais ces beaux projets ne se réalisèrent point jusqu'au bout. Les voyageurs ne furent absents qu'une année : ils visitèrent la Suisse et l'Italie, et revinrent par Marseille. André écrivit peu pendant son voyage : il nous reste seulement quelques fragments en l'honneur de la vallée d'Hasly, dans l'Oberland, et des neigeux sommets des Alpes ; encore n'est-il pas sûr que ces poésies n'aient pas été composées après coup. A Rome, à Naples, il jouit avec ivresse de tous les chefs-d'œuvre des arts qui s'offraient à son admiration (il se livrait lui-même à des essais de peinture, et il professait un goût très vif pour la musique). Mais il ne lui fut pas donné de voir la Grèce : il se contenta de la saluer de loin en des vers harmonieux :

> Salut, dieux de l'Euxin, Hellé, Sestos, Abyde,
> Et nymphe du Bosphore, et nymphe Propontide,
> Qui voyez aujourd'hui du barbare Osmalin
> Le croissant oppresseur toucher à son déclin ;
> Hèbre, Pangée, Hœmus, et Rhodope et Riphée !
> Salut, Thrace, ma mère et la mère d'Orphée,
> Galata, que mes yeux désiraient dès longtemps :
> Car c'est là qu'une Grecque, en son jeune printemps,
> Belle, au lit d'un époux nourrisson de la France,
> Me fit naître Français dans les murs de Byzance.

Il se promettait bien de revoir une fois ce doux pays abandonné dès le berceau, le pays de sa mère et celui de sa Muse : il comptait sans le tragique malheur de sa destinée.

En décembre 1787 il quitta encore la France pour aller en Angleterre, avec le titre de secrétaire particulier de l'ambassadeur, M. de la Luzerne. Il se plut d'abord à Londres, comme en témoigne

certain passage d'une lettre où son frère Marie-
Joseph lui disait : « Vous vous plaisez à Londres
et je m'y attendais. Je voudrais bien un jour pouvoir vous aller embrasser dans cette belle ville. »
André apprit à y goûter Shakespeare, assez peu
apprécié alors en France, malgré la traduction
de Letourneur et les adaptations de Ducis. Mais
peu à peu il se laissa gagner à la maladie noire
des Anglais ; il prit en horreur le pays et les
habitants :

« Il faut être juste, il est beau d'admirer les vertus
même d'un ennemi ; mais il faut qu'il les ait, ces vertus,
et il est honteux d'inventer à sa gloire des mensonges
pompeux... J'ai habité parmi ces Anglais. Français,
notre jeunesse n'apprend rien de bon chez eux... qu'à
faire courir des chevaux... des paris ruineux... un jeu !
Laissons là les Anglais... Ils ont une bonne constitution,
il faut l'imiter... pourvu que nous n'imitions pas son
indifférence à la chose publique... Quand tous les
membres sont vendus, les citoyens se partagent en
factions ; l'un est pour celui-ci, l'autre pour celui-là,
nul n'est pour la patrie... l'argent effronté, la corruption
ouverte et avouée :

Nation toute à vendre à qui peut la payer »

Il envoya à ses amis de Paris des appels déses-
pérés, où il parlait de sa mort prochaine. La comtesse Alfieri lui répondait en le grondant doucement : « Je crois que vos maux viennent de trop
manger. Vous êtes gourmand : l'ambassadeur fait
bonne chère, vous êtes faible, vous vous y livrez :
de là dérivent tous les petits maux et les grandes
mélancolies dont vous souffrez. » Mais l'impatience
d'André avait d'autres causes plus nobles. Il était

à Londres, lorsque survinrent les événements de 1789 : la convocation des États, le serment du jeu de Paume, et tout cet admirable mouvement qui emportait les esprits et les cœurs vers la révolution. Sa famille avait salué avec enthousiasme l'aurore de la liberté : M. Chénier père rédigeait les projets de *cahiers* pour le tiers état : Sauveur embauchait des soldats pour la prise de la Bastille : Marie-Joseph, consolé de ses premiers échecs dramatiques, trouvait enfin sa voie avec *Brutus et Cassius* (non représenté) et surtout avec *Charles IX*, joué le 4 novembre 1789 au milieu des acclamations populaires : les de Pange et les Trudaine s'étaient jetés ardemment aussi dans la mêlée politique. André vint à plusieurs reprises à Paris ; mais il souffrait de rester inactif au milieu de l'effervescence générale. D'autre part, il concevait déjà quelques inquiétudes sur la manière dont se passaient les choses de France : plusieurs lettres écrites de Londres à son père au commencement de 1790 nous le montrent avide de nouvelles, irrité des faux bruits que colportait la malveillance des Anglais, et peu rassuré sur certaines tendances de l'esprit public. Il essayait bien à distance de faire entendre sa voix : mais bientôt il n'y tint plus. L'ambassadeur ayant dû prendre un congé pour raison de santé, André se hâta de revenir en France au printemps de 1790 et de se jeter au-devant du sort fatal.

CHAPITRE III.

LA LUTTE : FEUILLANT CONTRE JACOBINS.

Le 24 décembre 1791, au moment où l'avènement de la Législative précipite le mouvement révolutionnaire, et où par la force des choses commence à se faire le classement des partis et des hommes, M. Louis Chénier écrivait à sa fille, Mme La Tour-Saint-Ygest :

« Votre mère a renoncé à toute son aristocratie et est entièrement démagogue, ainsi que Joseph. Saint-André et moi, nous sommes ce qu'on appelle modérés, amis de l'ordre et des lois. G... (Sauveur) est employé dans la gendarmerie nationale ; mais je ne sais ce qu'il pense, ni s'il pense. Constantin trouve qu'on n'a rien changé, et que, quoiqu'il n'y ait plus de parlements, c'est comme du temps qu'il y en avait : il a raison, car on marche, on va, on vient, on boit, on mange, et par conséquent, il n'y a rien de changé. »

La famille Chénier présentait alors assez exactement l'image de la France elle-même : à côté de ceux qui étaient indifférents à la chose publique, comme Constantin, s'agitaient deux partis, dont les haines et les passions allaient bientôt s'exaspérer par la lutte : celui des *démagogues*, pour employer l'expression un peu malveillante de M. Chénier, et celui des *modérés*. D'un côté étaient Marie-Joseph et sa mère, de l'autre André et son père ; mais dans cette famille ainsi divisée par la politique survivaient encore les liens d'affection mutuelle, que de graves discordes ne parvinrent jamais à briser tout à fait.

M. Chénier avait vu juste : son fils André était bien par tempérament un modéré, ami de l'ordre et des lois. Il eût pu ajouter encore : ami de la liberté.

Nul n'avait souhaité plus ardemment que lui la destruction des vieux abus et l'établissement d'un état social meilleur : la bucolique sur *la Liberté*, l'hymne à la *Justice* sont animés, bien avant 1789, d'un souffle franchement révolutionnaire. Le poète, après s'être indigné contre toutes les iniquités du temps présent, y appelle de ses vœux la destruction de toutes les Bastilles ; il attend tout de l'avenir prochain : il est tout à l'espérance et à la foi. Mais une fois la révolution déchaînée, l'enthousiasme d'André Chénier, sans se refroidir pourtant, s'allie d'une manière inséparable à un autre sentiment qui ne fera que grandir dans son cœur, jusqu'au moment où il se transformera en une orgueilleuse et amère désespérance : ce sentiment nouveau est la défiance sourde et tenace contre les moyens employés. Alors que tant d'autres, moins profondément convaincus, se laissaient aveuglément porter par le flot, André, qui avait travaillé plus que personne au triomphe des idées nouvelles, n'hésite pas à réagir contre la marche précipitée des choses. Que cette politique

de résistance ait, en somme, été peu habile, était
médiocrement profité à la cause qu'elle voulait
servir, cela est fort possible ; du moins la tâche
qu'assumait André était noble et désintéressée,
autant qu'elle était ingrate : il rêva d'être le Mentor
sévère et un peu grondeur de la jeune Liberté.

Avant même son retour d'Angleterre, il s'était
affilié à une société dont la carrière devait être
aussi courte qu'elle fut brillante. La *Société de 1789*
était née dans les salons libéraux d'où partit le
premier signal de la Révolution : elle ne s'organisa
vraiment qu'au début de l'année 1790, c'est-à-dire
au moment où tous les esprits étaient tournés vers
les problèmes constitutionnels et administratifs.
C'était, avant tout, une société d'études, une sorte
d'académie politique, très peu désireuse de se
mêler aux luttes des partis, et confinée dans les
dissertations de principes. Les intentions de cette
société étaient certainement les plus généreuses
du monde ; par malheur, ce n'est pas de théoriciens
et d'idéologues qu'on avait le plus besoin dans
cette tâche difficile d'une France à refaire : il fallait
surtout des esprits nets et pratiques, qui sussent
allier le légitime respect des traditions aux nécessités de l'heure présente. De plus, sous cette formule
un peu vague d'adhésion aux principes de 1789
se dissimulaient des aspirations fort diverses. A
côté de révolutionnaires ardents, décidés à pousser
les choses à l'extrême, fût-ce même à la République,
comme Barère, Brissot, Condorcet, David, se trouvaient des constitutionnels sincères, attachés au
principe de la monarchie libérale, comme Suard,
Siéyès, Lafayette, des aristocrates même, égarés

pour un temps dans le mouvement, comme La Rochefoucauld, La Trémoille et Montmorency, enfin tout le parti des indépendants, dévoués avant tout à la cause de l'ordre et de la liberté, comme les Trudaine et les de Pange. C'est dans cette société assez peu homogène que débutèrent à la vie politique les deux frères Chénier, André et Marie-Joseph, si peu semblables eux-mêmes l'un à l'autre ; le plus jeune avide de gloire et enivré par le succès de quelques tragédies à allusions, l'aîné plus grave, plus réfléchi, amant désintéressé d'un idéal plus haut. Cette association, ainsi constituée, ne pouvait prétendre, avec ses allures fastueuses et doctrinaires, à jouer un rôle important dans les affaires publiques ; elle se contenta de publier un journal, dont Condorcet fut pendant quelque temps le principal rédacteur, et qui prit bientôt le titre de *Mémoires de la Société de 1789*. C'est là qu'André fit ses premières armes : le 28 août 1790, il y publia un grand article : l'*Avis au peuple français sur ses véritables ennemis*.

Cette composition (qui ne contient pas moins d'une quarantaine de pages dans l'édition de M. Becq de Fouquières) est remarquable à la fois par les idées qu'elle contient et par la forme éloquente sous laquelle elles sont exprimées. Elle est d'une époque où André n'était pas encore aigri par l'insuccès de ses efforts : on n'y trouve aucune invective personnelle, aucune de ces explosions de fureur qui seront la marque de tous les écrits révolutionnaires de 1792 et de 1793. On n'y sent qu'un noble et sincère enthousiasme pour la grande œuvre entreprise, en même temps

qu'une patriotique préoccupation de l'avenir.
André s'inquiète déjà, mais il espère encore, il
croit au triomphe final de la justice et de la loi ;
il adresse son entraînante adjuration à tous
les bons citoyens, sans vouloir distinguer entre
les hommes et entre les partis. Bien qu'un
siècle ait passé depuis lors, certaines pages, qui
traitent de l'éducation politique et morale de la
démocratie française, semblent avoir été écrites
hier ; et le généreux appel d'André Chénier
mérite de trouver encore un écho dans nos
cœurs.

Dès les premières lignes l'auteur nous indique
clairement qu'il traitera son sujet sans acrimonie
et dans un esprit franchement libéral ; il rend un
solennel hommage au bon droit de la Révolution,
et il ne s'étonne point qu'après un si grand bouleversement les choses n'aient pas encore repris
leur assiette :

« Lorsqu'une grande nation, après avoir vieilli dans
l'erreur et dans l'insouciance, lasse enfin de malheurs
et d'oppression, se réveille de cette longue léthargie,
et, par une insurrection juste et légitime, rentre dans
tous ses droits, et renverse l'ordre de choses qui les
violait tous, elle ne peut en un instant se trouver
établie et calme dans le nouvel état qui doit succéder
à l'ancien. »

Ce retour à l'ordre et à l'équilibre ne s'obtien-
dra que si le peuple s'oppose énergiquement à
toutes les tentatives d'insurrections illégitimes,

et s'il sait résister aux menées de ses ennemis (1).
Ces ennemis, il faut les connaître, de peur que
« notre inquiétude errante et nos soupçons indé-
terminés ne nous jettent dans ces combats de
nuit où l'on frappe amis et ennemis ». Quels
sont-ils ? Ils sont de deux espèces, et très iné-
gaux d'importance. Les uns sont à l'extérieur :
il ne s'agit pas tant des Autrichiens et des Anglais, que des fugitifs français qui sont allés
porter leurs rancunes à l'étranger ; mais au fond
ces émigrés sont peu dangereux, et ne songent
guère à devenir des Coriolans : pour peu que
l'ordre se rétablisse en France, ils ne deman-
deront qu'à rentrer et à vivre en citoyens, sinon
zélés, du moins inoffensifs et paisibles. Les vrais
ennemis sont ailleurs, ils sont dans la France
même : c'est l'esprit public, trop souvent faussé
chez le peuple, par ignorance plus que par mé-
chanceté ; ce sont tous ces mauvais instincts
réveillés qui poussent « d'immenses troupes
d'hommes à se faire, au même instant, délateurs,
juges et bourreaux » ; c'est « cette horrible
soif de sang, cet horrible appétit de voir souffrir », qui se manifeste dans la foule ; c'est
l'intolérance, c'est la persécution, c'est la jalousie qui s'affirment ; c'est surtout « cette nombreuse et effrayante race de libellistes sans pu-

(1) Il est curieux d'observer comment dès cette époque les esprits
même les plus larges sont déjà portés à voir et à chercher partout
des ennemis du nouvel ordre de choses. La Révolution eut sans doute
à lutter contre bien des adversaires découverts et cachés, au dedans,
comme au dehors ; mais cette préoccupation de l'ennemi à combattre devint une idée fixe, une obsession maladive, qui hanta tous
les cerveaux : cet état d'esprit aboutira deux ans plus tard à la loi
des suspects.

deur, qui, sous des titres fastueux et des démonstrations convulsives d'amour pour le peuple et pour la patrie, cherchent à s'attirer la confiance populaire : gens pour qui toute loi est onéreuse, tout frein insupportable, tout gouvernement odieux ; gens pour qui l'honnêteté est de tous les jougs le plus pénible ». « Les criailleries de ces brouillons faméliques » constituent un grave danger pour la nation, car elles font appel à l'envie, à la haine, à la tyrannie, toutes choses auxquelles le peuple n'est naturellement que trop porté, et elles couvrent de leur assourdissant vacarme la voix des honnêtes gens qui invitent à la modération et à la fraternité. Aussi faut-il, pour que cette révolution française, qui est, pour ainsi dire, « grosse des destinées du monde », s'achève pacifiquement et glorieusement, que les citoyens apprennent la pratique de la liberté, qu'ils respectent la loi qu'ils se sont donnée à eux-mêmes, qu'ils soient calmes, vigilants, justes envers tous, passionnés pour le bien et l'honneur du pays.

Ce manifeste eut un assez grand retentissement jusqu'à l'étranger. Le roi de Pologne, Stanislas-Auguste, envoya une lettre flatteuse à André Chénier, et fit traduire son article en polonais. En France, les modérés applaudirent, mais les exaltés se sentirent directement visés par cet appel à la tolérance. Camille Desmoulins, dans le numéro 41 des *Révolutions de France et de Brabant*, dénonça violemment « cet ouvrage de je ne sais quel André Chénier, qui n'est pas le Chénier de *Charles IX* », et s'éleva contre les tendances de la Société. « N'y a-t-il pas de quoi frémir sur les dangers de la patrie, quand on pense que les membres de ce club couvrent les gradins de la partie droite dans le côté gauche de l'Assemblée nationale ? » L'*Avis aux Français* est comme la préface de la grande lutte qui va s'engager entre modérés et jacobins, c'est-à-dire entre ceux qui voyaient surtout le péril à gauche, et ceux qui rejetaient imprudemment vers la droite et flétrissaient du nom d'anti-patriotes tous les scrupuleux partisans de l'ordre et des lois.

La bataille ne s'engagea pourtant pas encore ouvertement. Les *Mémoires de la Société* cessèrent bientôt de paraître. André ne publia rien pendant la fin de l'année 1790. Au commencement de 1791 il compose son ode du *Jeu de Paume*, d'une facture un peu lourde, mais vibrante d'enthousiasme révolutionnaire, et toute pleine aussi de bons conseils à l'adresse du peuple. En avril, il reprend sa plume de journaliste et lance une véhémente brochure, *Réflexions sur l'esprit de parti*, où il flétrit le *vil ramas de brouillons* qui se pare du nom auguste de peuple, et où il s'attaque, sans le nommer encore, au club des Jacobins, qu'il compare aux anciennes congrégations de moines. Cette fois du moins il tient la balance égale entre tous les ennemis de l'ordre légal, et il s'élève violemment contre les émigrés en révolte avec la patrie, contre les incorrigibles aristocrates, contre les prélats perdus de luxe et de dettes, qui feignent d'implorer le martyre et qui rééditent sans conviction les apostrophes de Grégoire de Nazianze. Vers le même temps il compose encore un autre article, intitulé les *Autels de la peur*, qui ne fut peut-être jamais publié.

Cependant la Constitution était votée, le peuple allait être appelé à élire l'Assemblée législative ; de graves événements s'étaient passés (la fuite du roi, son retour à Paris), qui précipitaient en avant le mouvement révolutionnaire, et creusaient plus profond le fossé entre le peuple et la royauté. Déjà dans certains groupes on commençait à parler ouvertement de république. De graves modifications étaient survenues dans l'état des partis. Le club tout-puissant des *Amis de la Constitution*, séant aux Jacobins, que Chénier avait déjà dénoncé comme un danger public, venait de se diviser : les membres modérés avaient fait scission, et, avec les débris de la *Société de 1789*, avaient organisé un nouveau club, qui essaya de garder pendant quelque temps le titre d'*Amis de la Constitution*, mais qui, pour se distinguer de celui qui siégeait aux Jacobins, fut plutôt connu sous le nom de club des *Feuillants*. Toute cette fin de 1791, sans être marquée par aucun événement très grave, est employée à ce nouveau classement des partis : on sent que, de part et d'autre, on s'apprête et on s'organise pour la lutte.

Chénier donna alors quelques articles au *Moniteur*, un sur *l'acte constitutionnel*, un autre sur *le choix des députés à l'Assemblée nationale*. Il ne fut point candidat, comme on l'a dit ; mais il soutint les candidats modérés, franchement constitutionnels.

Une des premières questions traitées dans la

nouvelle assemblée fut la question religieuse. Couthon vint demander qu'on prît des mesures sévères contre les prêtres réfractaires. André Chénier publia sur ce sujet dans le *Moniteur* un article fort curieux, où se montre bien la double tendance à la fois révolutionnaire et libérale de son esprit. Il ne veut pas qu'on inquiète les prêtres, et il invoque en leur faveur les principes de justice et de tolérance ; mais en même temps il ne cache point son extrême méfiance contre la plupart d'entre eux, et n'hésite pas à les qualifier d'*hypocrites* et de *factieux*. Pour lui, le seul remède à la question religieuse est dans la liberté complète, c'est-à-dire dans la séparation de l'Eglise et de l'Etat. Voici dans quels termes, vraiment admirables de netteté, il soutient cette thèse, qui de nos jours encore fait l'objet de discussions passionnées :

« Nous ne serons délivrés de l'influence de pareils hommes que quand l'Assemblée nationale aura maintenu à chacun liberté entière de suivre et d'inventer telle religion qu'il lui plaira ; quand chacun payera le culte qu'il voudra suivre, et n'en payera point d'autre ; et quand les tribunaux puniront avec rigueur les persécuteurs et les séditieux de tous les partis. Et si les membres de l'Assemblée nationale disent encore que tout le peuple français n'est pas assez mûr pour cette doctrine, il faut leur répondre : Cela se peut, mais c'est à vous à nous mûrir par votre conduite, par vos discours et par les lois. En un mot, les prêtres ne troublent point les Etats quand on ne s'y occupe point d'eux ; et ils les troublent toujours quand on s'en occupe, de quelque manière qu'on s'en occupe. »

Ce fut le dernier article de Chénier au *Moniteur* : il avait rédigé encore un projet de lettre à la nouvelle Assemblée nationale, mais il ne semble pas l'avoir jamais publiée. Jusqu'alors il n'avait pris qu'une part intermittente à la politique, et il s'était efforcé de rester indépendant au milieu des partis. Devant le danger grandissant qui menaçait la monarchie constitutionnelle et la France elle-même, André se jette résolument dans la lutte. Il rompt complètement avec plusieurs de ses premiers amis, avec David dont il avait célébré le tableau du Jeu de Paume, avec Brissot, avec Pétion dont les tendances républicaines le choquaient, avec Condorcet lui-même sous lequel il avait fait ses premières armes au temps de la *Société de 1789,* et dont il avait dit que « depuis vingt ans il n'avait cessé de bien mériter de l'espèce humaine, par nombre d'écrits profonds destinés à l'éclairer et à défendre tous ses droits... » Il se fait inscrire au club des Feuillants, où il retrouve ses anciens condisciples, les de Pange et les Trudaine, et aussi Barnave, Duquesnoy, Lanjuinais, Lameth, Lacretelle, Regnaud de Saint-Jean-d'Angély. Cette fois il n'y trouvait pas son frère, Marie-Joseph, qui était resté aux Jacobins.

Il engage résolument la lutte par la parole et par la plume.

D'André Chénier orateur il ne nous reste malheureusement rien autre chose que le témoignage d'un de ses compagnons de lutte, Lacretelle, qui, échappé aux fureurs de la Révolution, nous a confié, cinquante ans plus tard, les terribles souvenirs de cette année 1792 où il vit et entendit André à la tribune des Feuillants... « L'avis le plus énergique et le plus éloquemment exprimé partait toujours de sa bouche. Ses traits fortement prononcés, sa taille athlétique sans être haute, son teint basané, ses yeux ardents fortifiaient, illuminaient sa parole... Démosthène n'avait pas été moins que Pindare l'objet de ses études... Chacun de nous regrettait que ce talent, plein de force et d'éclat, échauffé par une âme intrépide, ne fût pas encore appelé à la tribune. Lui seul eût pu disputer ou ravir la palme de l'éloquence à Vergniaud. »

A défaut de ces harangues improvisées, par lesquelles André stimulait le zèle de ses amis, et qui sont à jamais perdues pour nous, nous pouvons du moins nous faire quelque idée de son éloquence par les beaux articles qu'il publia coup sur coup dans le *Journal de Paris* du 12 novembre 1791 au 26 juillet 1792. Cette admirable campagne, poursuivie sans trêve pendant huit mois, au milieu des périls de toutes sortes, est la vraie période héroïque de la carrière d'André Chénier : il demeure constamment sur la brèche, signant intrépidement ses articles, et s'offrant avec orgueil aux injures de ses adversaires ; il met tout son talent et tout son cœur au service de la liberté, qui eût été sauvée par tant d'éloquence, si elle avait pu l'être :

> Si Pergama dextra
> Defendi possent, etiam hac defensa fuissent.

Le *Journal de Paris*, dont André Chénier va se faire une arme redoutable pour livrer la suprême

bataille, était une feuille déjà ancienne, qui jusqu'alors avait flotté entre les Jacobins et les
constitutionnels. Condorcet y avait été quelque
temps tout-puissant, et y avait rédigé l'article
Assemblée. Suard et Regnaud de Saint-Jean-
d'Angély en prirent la direction le 11 novembre pour en faire, avec l'*Ami des Patriotes* de
Duquesnoy, l'organe le plus autorisé du parti
feuillant. Le 12, André y publiait son premier
article pour recommander la candidature de La
Fayette à la mairie de Paris contre celle de Pétion.
Trois mois après, nouvelle escarmouche, à propos de la publication des *Lettres de Mirabeau* par
Manuel : André y raille sans pitié toutes les mala-
dresses de l'éditeur, qui se trouvait être un des
membres influents du parti avancé. Mais c'est
le 26 février 1792 que paraît, dans le dix-neu-
vième supplément du *Journal de Paris* que Suard
avait mis à la disposition d'André, un article
retentissant qui peut être considéré comme une
véritable déclaration de guerre du parti modéré :
il était intitulé : *De la cause des désordres qui troublent la France et arrêtent l'établissement de la Liberté.*

L'auteur débute en s'associant ironiquement au
vœu souvent exprimé par les Jacobins de ramener
le calme dans Paris et dans le royaume : il cher-
chera avec eux le remède, après avoir dénoncé le
mal. Quelle est la cause secrète de ce désordre ?
Il n'y en a qu'une : c'est la Société des Jacobins
elle-même.

« Il existe au milieu de Paris une association nombreuse
qui s'assemble fréquemment, ouverte à tous ceux qui
sont ou qui passent pour être patriotes, toujours gou-

vernée par des chefs visibles ou invisibles, qui changent souvent et se détruisent mutuellement, mais qui ont tous le même but, de régner, et le même esprit, de régner par tous les moyens. Cette Société s'étant formée dans un moment où la Liberté, quoique sa victoire ne fût plus incertaine, n'était pourtant pas encore affermie, attira nécessairement un grand nombre de citoyens alarmés et pleins d'un ardent amour pour la bonne cause. Plusieurs avaient plus de zèle que de lumières. Beaucoup d'hypocrites s'y glissèrent avec eux, ainsi que beaucoup de personnages endettés, sans industrie, pauvres par fainéantise, et qui voyaient de quoi espérer dans un changement quelconque. Plusieurs hommes justes et sages, qui savent que dans un État bien administré tous les citoyens ne font pas les affaires publiques, mais que tous doivent faire leurs affaires domestiques, s'en sont retirés depuis. D'où il suit que cette association doit être en grande partie composée de quelques joueurs adroits qui préparent les hasards et qui en profitent ; d'autres intrigants subalternes à qui l'avidité et l'habitude de mal faire tiennent lieu d'esprit ; et d'un grand nombre d'oisifs honnêtes, mais ignorants et bornés, incapables d'une mauvaise intention, mais très capables de servir, sans le savoir, les mauvaises intentions d'autrui. »

Quelle est l'œuvre d'une Société ainsi constituée ? Elle consiste à opprimer la majorité par la tyrannie d'une minorité, à persuader aux tribunes du club qu'elles sont le peuple souverain, à dénoncer tous les honnêtes gens, à les suspecter tous, à admirer toute absurdité pourvu qu'elle soit homicide, à accueillir tout mensonge pourvu qu'il soit atroce, à semer partout la défiance et la terreur. Le gouvernement, effrayé, n'exécute plus les lois ; les gens de bien fuient les assemblées primaires, le pays entier est la proie de ces ambitieux, qui l'enserrent comme dans les mailles d'un filet. Quatre ou cinq cents sociétés affiliées aux Jacobins de Paris, « se tenant toutes par la main, forment une espèce de chaîne électrique autour de la France ». Dès lors la conclusion est forcée : à moins d'être « ou un de ces fripons intéressés à tant de désordres, ou d'une imbécillité à qui tout raisonnement soit interdit », il faut reconnaître que tout gouvernement est impossible à côté de sociétés pareilles ; « que ces clubs sont et seront funestes à la liberté ; qu'ils anéantiront la Constitution ; que la horde énergumène de Coblentz n'a pas de plus sûrs auxiliaires ; que leur destruction est le seul remède aux maux de la France, et que leur mort sera un jour de fête et d'allégresse publiques. Ils crient partout que la patrie est en danger : cela est malheureusement bien vrai ; et cela sera vrai tant qu'ils existeront ». Dans un post-scriptum provocant, André Chénier annonce qu'il signera toujours ses articles, « dans lesquels, dit-il, me présentant sans ménagement et sans crainte à l'honorable inimitié des brigands à talons rouges et des brigands à piques, je tâcherai, autant qu'il sera en moi, de venger la justice, l'humanité, l'honnêteté publique, des outrages journaliers qu'elles reçoivent de cet abominable amas de brouillons qui vivent de la liberté, comme des chenilles vivent des arbres fruitiers qu'elles tuent. »

La colère fut grande dans le camp des Jacobins à la lecture de ce violent réquisitoire. Marie-Joseph Chénier, poussé sans doute par ses amis, eut l'imprudence d'envoyer aux auteurs du *Journal de*

Paris une lettre par laquelle il déclarait qu'il
n'avait eu aucune part à l'article, qu'il professait
d'ailleurs une opinion directement opposée, et
qu'il se ferait toujours honneur d'être membre de
la Société des Amis de la Constitution, séante aux
Jacobins de Paris. Le *Journal de Paris* répondit
par une note railleuse qu'une telle protestation
était bien inutile : « Quel est l'homme ayant appris
à lire qui ait pu en soupçonner M. Marie-Joseph
Chénier ? Quel rapport y a-t-il entre l'éloquence
nerveuse des *Réflexions* d'André, et la triviale
verbosité des préfaces de Marie-Joseph ? » Marie-
Joseph piqué riposta et annonça une réfutation en
règle. Le 4 mars, André essaya de dégager son
frère, protesta de ses sentiments pour lui, mais se
déclara prêt à défendre son sentiment *même contre
lui.* Marie-Joseph, ainsi mis en demeure, composa
sa *Réfutation.* Peut-être ne l'eût-il point publiée
(car plus d'un mois s'était passé depuis), si André,
le 27 avril, n'était revenu à la charge contre les
Jacobins, les traitant, selon la langue du temps,
de *sycophantes,* de *calomniateurs,* de *fourbes ambitieux et menteurs, aussi méprisés que méprisables.*
Marie-Joseph publia sa *Réfutation* le 11 mai.
André répondit le 10 juin ; Marie-Joseph répliqua
le 19. Ces pénibles débats ne rompirent pas
entièrement l'amitié qui unissait les deux frères,
mais ils la refroidirent pour toujours : ils ren-
dirent possible l'affreuse accusation qu'on devait
un jour jeter à la face de Marie-Joseph. Dans cette
lutte regrettable André garda jusqu'au bout le
suprême avantage de l'éloquence et de l'esprit :
ses articles comptent parmi les meilleurs pam-

phlets de la Révolution ; il défendait de plus une
noble cause, celle de la Liberté, pour laquelle il
allait bientôt mourir. Marie-Joseph plaida avec
une certaine habileté pour la Société des Jacobins,
rappela les services qu'elle avait rendus, montra
qu'elle avait pour adversaires tous les pires ennemis de la Révolution, à savoir les émigrés et les
Autrichiens, et que vouloir la frapper c'était frapper au cœur la Révolution elle-même ; d'ailleurs,
au nom de quelle loi et de quel principe oserait-
on la détruire ? La lutte des deux frères ne fit
qu'envenimer les discordes politiques et rendre
un déchirement plus inévitable. Au reste, on
peut dire qu'André ne fit pas grand'chose pour
apaiser le débat : il déploya contre ses adversaires une violence extrême, maniant cruellement l'invective, piquant même l'amour-propre
de Marie-Joseph, au sujet de « ces succès littéraires dont la nature est d'avoir besoin des
applaudissements de la multitude » (1). Cette
intempérance de ton et de langage est bien excu-
sable, quand on songe aux haines furieuses de
l'époque. Le seul point qu'il importe de mettre
en lumière, c'est qu'André ne fut pas entraîné
malgré lui dans la terrible lutte qui s'engageait
entre Feuillants et Jacobins : il la provoqua plutôt
et s'y jeta bravement de lui-même, après avoir fait
le sacrifice de son existence, bien décidé à jouer

---

(1) L'ardeur même de sa passion le poussa jusqu'à émettre certaines affirmations peu exactes, comme celle-ci : « Je ne connais
même pas les rédacteurs du *Journal de Paris* » (il connaissait
bien Regnaud de Saint-Jean-d'Angély, Suard, de Pange et d'autres);
— et celle-ci encore : « Je ne vais à aucun club ; je ne fais partie
d'aucune Société ». (Il faisait partie des Feuillants.)

le tout pour le tout, à terrasser ses adversaires ou à se faire dévorer par eux.

Il ne se contentait pas d'attaquer de front l'armée jacobine ; il lui faisait en même temps une guerre incessante à propos de tous les menus faits de la politique courante. Un décret du 31 décembre 1791 avait accordé l'amnistie à quarante Suisses du régiment de Châteauvieux qui s'étaient révoltés à Nancy au mois d'août précédent, et dont la rébellion avait été réprimée par le général Bouillé, (qui dans le même temps trahissait l'Assemblée au profit du Roi). Collot d'Herbois, David, Théroigne de Méricourt, Marie-Joseph Chénier eurent la fâcheuse idée de demander à la municipalité qu'on organisât un triomphe en l'honneur de ces quarante Suisses, à leur retour à Paris. L'amnistie était une mesure politique et acceptable ; mais une entrée triomphale, une cérémonie au Champ-de-Mars, une récompense nationale semblèrent justement à André Chénier un scandale public, une prime à l'indiscipline des armées. Il le dit en termes éloquents dans le *Journal de Paris*, où il s'adressa tour à tour au Directoire du département de Paris, au maire Pétion, au peuple enfin, qu'il prit à témoin de cette profanation. Là polémique fut très vive, car toute la meute des feuilles jacobines riposta vivement ; Pétion lui-même, qui par faiblesse s'était laissé engager dans cette affaire, écrivit une lettre à ses concitoyens, pour atténuer la portée de la cérémonie et pour proteste contre les manœuvres des citoyens « malintentionnés » et « intrigants », qui fomentent le désordre à ce propos. Chénier paya coura-

geusement de sa personne, à son habitude, et
tint tête à tous ses ennemis. Tandis que Marie-
Joseph fabriquait un hymne à la Liberté, destiné
à être chanté pendant la cérémonie, André en
composa un autre, ironique et amer, qui fut publié
dans le *Journal de Paris* le jour même de la fête :
c'est l'*Hymne sur l'Entrée triomphale des Suisses
de Châteauvieux*, c'est-à-dire le premier iambe
du poète.

André ne cessa pas un instant de harceler ses
adversaires et de les livrer au mépris public :
dans ces vingt-six articles donnés au *Journal de
Paris* en l'espace de huit mois, on trouve déjà par
avance toute la force d'invective et tous les cris
d'indignation des *Iambes*. Il faut dire que les
Jacobins ne se gênaient pas non plus pour injurier
André, et qu'ils le traitaient constamment d'Autrichien et de vendu : ils l'accusaient d'émarger à
la liste civile, et de se faire payer par la cour le
prix des suppléments du *Journal*. En revanche,
André les accablait de sarcasmes et déployait
contre eux une verve meurtrière : Collot d'Herbois
est traité d' « effronté saltimbanque » et de « men-
teur » ; Brissot est un « libelliste qui barbouille
avec de la fange et du sang les premières pages
du *Patriote français* » et qui y déverse « ses bêtises et ses insolences » ; les membres du club des
Jacobins sont des « histrions, des galériens, des
voleurs avec effraction, des harangueurs de clubs
et de halles... » Dans des fragments qui sont restés
inédits, mais que l'auteur, le cas échéant, ne se
fût certainement fait aucun scrupule de publier,
Condorcet, David, Brissot, Manuel, Rœderer,

Mme Roland, Mme de Staël sont littéralement traînés dans la boue et mis au-dessous des pires scélérats. André ne trouvera pas d'expressions plus fortes et plus injurieuses, un an plus tard, quand il s'agira de Marat.

La journée du 20 juin, bientôt suivie de celle du 10 août, c'est-à-dire de l'effondrement de la monarchie, vint porter le dernier coup aux espérances d'André. Au lendemain de l'envahissement des Tuileries il protesta éloquemment contre ce douloureux scandale, et rendit hommage à la fermeté d'âme de Louis XVI. Le 1er juillet, dans un nouvel article, il adressa un suprême appel à l'union de tous les bons citoyens ; mais les passions étaient trop déchaînées, et lui-même il avait creusé un fossé trop profond entre les Feuillants et les Girondins pour qu'une réconciliation pût avoir lieu. La destinée de la Révolution devait s'accomplir : quelques semaines plus tard, la monarchie n'existait plus, la famille royale était enfermée au Temple, le *Journal de Paris* était saisi, les Feuillants dispersés. André Chénier était définitivement vaincu : on n'entendra plus sa voix généreuse, qui avait tant de fois dominé le tumulte des factions.

Au moment où André Chénier disparaît pour toujours de la scène des partis, il conviendrait peut-être d'apprécier le rôle si brillant et si court qu'il y a joué. Mais les passions soulevées il y a cent ans sont encore mal éteintes et il est difficile de parler sans amour ou sans haine de ce grand et terrible drame d'où est sortie notre société moderne. André en particulier a été tellement admiré et idéalisé par la piété publique, qu'il y aurait presque un sacrilège à vouloir rien changer à l'opinion dont Sainte-Beuve s'est fait l'éloquent interprète.

Ce qui doit en effet être mis hors de toute discussion, ou plutôt ce qui doit dominer le jugement que l'on portera sur André Chénier, c'est la noblesse et l'incontestable désintéressement de sa conduite. Malgré les calomnies stupides de ses ennemis, aucun doute sur sa parfaite indépendance ne doit effleurer sa mémoire : durant cette terrible époque où il s'est fait une si grande consommation d'hommes, il n'y a pas eu de caractère plus élevé ni plus pur. Adepte enthousiaste des idées nouvelles, il a sincèrement aimé la liberté et la monarchie : il est resté fidèle à l'idéal politique qui a dirigé le grand mouvement de 1789, qui a dicté la Déclaration des droits de l'homme et qui a présidé à l'élaboration de la Constitution de 1791 : seulement il a cru qu'après ce généreux effort la Révolution était terminée, alors qu'elle ne faisait que commencer : il a défendu jusqu'au bout la Loi et le Roi, qu'il considérait comme les deux conditions essentielles de la Liberté. Dans cette lutte chevaleresque, il a dépensé un courage et un talent qui feront toujours l'admiration de la postérité.

Il a été un héros et en même temps un poète : c'est assez dire qu'il n'a pas été un politique. Cette constatation est à son honneur, du moins en un sens : André avait une fierté de cœur trop grande, un trop souverain mépris des réalités pratiques, une trop complète fidélité à certains

principes, pour se plier aux nécessités inéluctables
de la politique. D'autre part, puisqu'il se lança
volontairement dans la lutte des partis, il faut
bien avouer qu'il y apporta, avec beaucoup de
courage, un certain manque de clairvoyance, un
préjugé bourgeois (1) et un peu de cette étroitesse
et de cette obstination de l'esprit conservateur, qui
chez nous depuis cent ans a eu dans toutes les révolutions une part presque aussi grande que l'esprit
révolutionnaire lui-même. A en croire Chénier,
tout le mal est venu du côté gauche de l'Assemblée : il n'a pas dit un mot de la fuite à Varenne,
des intrigues de la cour, des menaces non dégui-
sées qui mettaient en péril la Révolution elle-même.
Et puis était-il bien politique de faire ainsi une
guerre au couteau à Condorcet, à Brissot, à Pétion,
à Roland, de les traiter comme les derniers des
scélérats, et de les désigner d'avance à la fureur
populaire ? Ce jeu terrible, qui a consisté à préci-
piter tous les partis les uns après les autres dans
le mépris public, et de là sous le couteau de
la guillotine, Chénier ne l'a certainement pas
inauguré ; mais qui oserait dire qu'il ne s'y est
pas inconsciemment prêté? Il a partagé, au moins

(1) Chénier, répondant à une lettre de Pétion *qui lui a semblé bien
niaise*, s'exprime ainsi sur le compte de la bourgeoisie : « Cette
classe, étant celle qui est placée à distance égale entre les vices de
l'opulence et ceux de la misère, entre les prodigalités du luxe et les
extrêmes besoins, fait essentiellement la masse du vrai *peuple*, dans
tous les lieux et dans tous les temps où l'on donne un sens aux
mots qu'on emploie : cette classe est la plus sobre, la plus sage, la
mieux active, la plus remplie de tout ce qu'une honnête industrie
enfante de louable et de bon ; lorsque cette classe entière est mé-
contente, il en faut accuser quelque vice secret dans les lois ou
dans le gouvernement. » (*De la cause des désordres qui troublent la
France.*)

en cela, l'aveuglement général. Après la vio-
lente campagne du *Journal de Paris*, la Gironde
était mûre pour la chute, et, en fait, la mort des
Girondins a précédé celle de Chénier lui-même :
il y a bien quelque mélancolie dans ce rappro-
chement !

S'il a péché, c'est par un excès d'orgueil ; il
n'a pas douté un seul instant de lui-même ni de
son parti ; il s'est offert à la défaite et à la mort
avec une sorte d'allégresse, se consolant par la
pensée qu'il était supérieur à ses adversaires et
qu'il valait mieux qu'eux. Il répète à satiété
cette maxime qui a été, en somme, le mobile
secret de tous ses actes : « Il est beau, il est
doux d'être opprimé pour la vertu. » Dans une
éloquente apostrophe à Brissot (26 juillet), il re-
vendique l'honneur d'être inscrit le premier sur
une table de proscription. Dans un fragment iné-
dit, écrit plus tard sous la Terreur, il nous a dépeint avec une poignante émotion les fiers dégoûts dont son âme était pleine.

Sur lui-même.

« Il est las de partager la honte de cette foule immense
qui en secret abhorre autant que lui, mais qui approuve
et encourage, au moins par le silence, des hommes
atroces et des actions abominables. La vie ne vaut pas
tant d'opprobre. Quand les tréteaux, les tavernes et les
lieux de débauche vomissent par milliers des législateurs, des magistrats et des généraux d'armée, qui sortent
de la boue pour le bien de la patrie, il a, lui, une autre
ambition, et il ne croit pas démériter de sa patrie en
faisant dire un jour : Ce pays, qui produisit alors tant
de prodiges d'imbécillité et de bassesse, produisit aussi
un petit nombre d'hommes qui ne renoncèrent ni à leur

raison, ni à leur conscience ; témoins des triomphes du vice, ils restèrent amis de la vertu et ne rougirent point d'être gens de bien.. Dans ces temps de violence, ils osèrent parler de justice ; dans ces temps de démence, ils osèrent examiner ; dans ces temps de la plus abjecte hypocrisie, ils ne feignirent point d'être des scélérats pour acheter leur repos aux dépens de l'innocence opprimée ; ils ne cachèrent point leur haine à des bourreaux, qui, pour payer leurs amis et punir leurs ennemis, n'épargnaient rien, car il ne leur en coûtait que des crimes ; et un nommé A. C. fut un des *cinq ou six* que ni la frénésie générale, ni l'avidité, ni la crainte, ne purent engager à ployer le genou devant des assassins couronnés, à toucher des mains souillées de meurtres, et à s'asseoir à la table où l'on boit le sang des hommes. »

Admirable déclaration, que l'auteur devait sceller de sa vie. Etre un de ces cinq ou six, parmi lesquels il rangeait sans doute la fière petite-fille de Corneille, Charlotte Corday ! Laisser une mémoire très pure et très glorieuse, enveloppée comme d'un nimbe d'héroïsme ! Un rêve plus radieux pouvait-il hanter l'âme d'un grand poète, « affamé de justice ? »

En appelant la mort comme une délivrance, en courant au martyre, André choisissait en somme la meilleure part. On dirait qu'en ces jours affreux il a surtout songé à sauver son honneur, à le préserver de toute souillure. Il y a réussi : la partie suprême, qu'il a si vaillamment engagée, et qu'il a perdue, lui a du moins valu la gloire. Par contre, toute cette belle campagne du *Journal de Paris* n'a pas retardé d'une heure le déchaînement du tigre populaire : qui sait si elle ne l'a pas précipité ? En tout cas, il est triste de penser qu'André Chénier a été dans la Révo-

lution une force presque inemployée et perdue :
toute son éloquence et sa bravoure se sont brisées
dès le premier choc. Au rôle difficile de l'homme
d'Etat André a préféré la tâche plus noble et
plus sommaire du justicier. Il reste comme la
conscience incarnée de cette grande et terrible
époque.

CHAPITRE IV

SAINT-LAZARE. — THERMIDOR.

—Après le 10 août, bientôt suivi de la proclamation de la République, André Chénier, vaincu et découragé, chercha dans la retraite et dans l'étude une consolation à sa patriotique douleur. Il reste de lui une lettre, qui nous montre bien l'état de son âme à la fin de cette année 1792. Le grand poète Wieland, qui suivait avec intérêt les événements de France, avait demandé à un de ses correspondants, M. Brodelet, ce que devenait André Chénier, « s'il était encore vivant, ce qu'il faisait dans ce monde et dans la Révolution ». C'est à cette question que répond André dans une lettre du 28 octobre adressée à M. Brodelet.

« ...Je suis encore en vie. Je pourrais ajouter qu'ayant fait du bien à plus d'un homme et n'ayant jamais fait de mal à qui que ce soit, je ne dois avoir couru aucun risque ni avoir eu rien à craindre. Mais M. Wieland, qui connaît les hommes et les révolutions, me répondrait sans doute que ce n'est pas une raison.

Ce que je fais dans la Révolution ? Rien, grâce au ciel, absolument rien. C'est ce que je m'étais bien promis dès le commencement, sachant déjà que le moment des révolutions n'est jamais celui des hommes droits et invariables dans leurs principes, qui ne veulent ni mener ni suivre des partis, et qui abhorrent toute intrigue. Affligé des maux que je voyais et de ceux que je prévoyais, j'ai, dans le cours de la Révolution, publié de temps en temps des réflexions que je croyais utiles, et je n'ai point changé d'opinion. Cette franchise, qui n'a rien empêché, ne m'a valu que beaucoup de haines, de persécutions et de calomnies. Aussi suis-je bien déterminé à me tenir toujours à l'écart, ne prenant aucune part active aux affaires publiques, et me bornant dans ma solitude à faire pour la liberté, la tranquillité et le bonheur de la République, des vœux qui, à vrai dire, surpassent de beaucoup mes espérances.

Je suis fort embarrassé pour répondre à la troisième question : *ce que je fais dans le monde*. Si je voulais être sincère, je répondrais comme à la question précédente : *rien*. Cependant, comme aux yeux de M. Wieland un loisir employé aux lettres et à l'étude ne saurait passer pour une oisiveté complète, je lui dirai que, me livrant tout entier aux goûts que j'ai toujours eus, je m'attache, dans la retraite, à une étude approfondie des lettres et des langues antiques, et je consacre ce qui me reste de jeunesse à me mettre en état de suivre un jour ses traces : heureux si je puis, comme lui, faire quelque honneur à ma langue et à mon pays et à moi-même. »

Il était pourtant impossible qu'une âme aussi passionnée se désintéressât complètement de la politique : on le sent bien à l'amertume de certaines expressions. Sa plume de journaliste était brisée par la saisie du *Journal de Paris*, la tribune de l'Assemblée ne lui était pas ouverte : il se contenta de jeter sur le papier, pour lui-même, quelques fragments et quelques vers, confidents de sa pensée. Peut-être aussi donna-t-il des notes et des articles aux journaux indépendants qui paraissaient encore ; mais le fait n'est pas certain, et il est à peu près impossible de le vérifier aujourd'hui. Une occasion vint bientôt s'offrir à lui, non plus de redescendre dans l'arène des partis, mais de faire acte de courage et de pitié : il ne la laissa pas échapper. Malesherbes et de Sèze, qui avaient revendiqué l'honneur de défendre le roi, trouvèrent dans André Chénier un dévoué collaborateur.

Comment la chose se fit-elle ? On n'a pas encore pu l'établir. Malgré toutes les accusations que les Jacobins avaient dirigées contre lui, il ne semble pas que Chénier ait personnellement connu Louis XVI, ni que la campagne du *Journal de Paris* ait été inspirée par les Tuileries ; mais il honorait en Louis XVI le roi constitutionnel et l'homme accablé d'infortunes. S'il entreprit sa défense, ce fut moins par attachement dynastique que par conviction sincère et générosité pure. Déjà, il avait rédigé au 9 août un *Projet de Discours du Roi à l'Assemblée nationale*, qu'on a retrouvé plus tard dans ses papiers. Il prêta donc son aide à Malesherbes, qu'il avait autrefois rencontré chez M. de la Luzerne. Quelle fut exactement l'importance de ce concours ? Il semble qu'on l'ait beaucoup exagéré : car il n'en reste aucune autre trace palpable que trois pièces manuscrites, publiées seulement en 1819 et en 1840 : à savoir un *Appel à tous les citoyens français*, surtout destiné aux habitants des campagnes ; un *Projet de pétition à la Convention* pour demander l'appel au peuple; enfin un *Projet d'une lettre de Louis XVI aux députés de la Convention*, qui n'est d'ailleurs pas conforme à la lettre que lut de Sèze à la séance du 17 janvier. Le seul fait certain, c'est qu'André fut associé dans une certaine mesure à la défense de Louis XVI ; il essaya de le sauver, dans le même temps où Marie-Joseph montait à la tribune de la Convention et votait pour la mort.

Après le 21 janvier, le dégoût et l'horreur écartent définitivement André Chénier de tout contact avec les affaires publiques. Irrité, découragé, malade, il quitte Paris, témoin de tant de crimes, et se réfugie à Versailles, dans une petite maison qui porte aujourd'hui le numéro 69 de la rue de Satory : là du moins, dans cette verte et paisible retraite, son cœur goûtera un peu de calme et d'oubli :

> Paris me semble un autre empire
> Dès que chez toi je vois sourire
> Mes pénates secrets couronnés de rameaux,
> D'où souvent les monts et les plaines
> Vont dirigeant mes pas aux campagnes prochaines
> Sous de triples cintres d'ormeaux.

La Muse fut sa grande consolatrice : il se remit aux grands projets qu'il avait ébauchés avant la Révolution, à l'*Hermès*, à l'*Amérique* : il polit encore avec amour les merveilleuses ciselures de ses *Bucoliques* dont il réservait la publication pour des temps plus heureux ; il trouva enfin une nouvelle source d'inspiration dans la tendre affection qu'il conçut pour Fanny (Mme Laurent-Lecoulteux) : de cette époque date la belle ode à *Versailles*, qui de toutes ses œuvres est peut-être la plus émue et la plus pure. Mais il avait beau s'efforcer d'oublier il ne pouvait chasser de sa pensée la vision de l'affreux spectacle que présentait alors la France, et il jetait sur le papier quelque strophe amère ou quelque note vengeresse. Quand il apprit l'attentat et la mort de Charlotte Corday, il ne put résister à l'âpre désir de glorifier poétiquement la généreuse héroïne et de flétrir ses bourreaux : l'ode qu'il écrivit ce jour-là fait pressentir déjà la vigueur des *Iambes*.

Cependant s'il vivait prudemment à l'abri des agitations dangereuses de la capitale, il lui eût répugné de se cacher, de sembler déserter son poste de citoyen, et de jouer le rôle d'émigré à l'intérieur. Il venait assez fréquemment à Paris pour voir les siens : une lettre de lui, adressée à M. Chénier, en septembre 1793, semble même indiquer que la concorde était à peu près revenue dans la famille : « Mes tendres amitiés à mes frères et mes respects à ma mère ». Ainsi s'exprime André à une date où de ses trois frères deux seulement étaient à Paris, dont Marie-Joseph, député de Seine-et-Oise à la Convention. Il venait aussi à Paris pour paraître de temps en temps à la section de Brutus dont il faisait partie, et pour détourner ainsi toutes les accusations d'indifférence à la chose publique dont ses ennemis auraient pu se servir pour l'accabler. Il est d'ailleurs probable que l'influence du conventionnel Chénier ne fut pas inutile à protéger les jours du pamphlétaire feuillant, et que Marie-Joseph, dont les sentiments de famille demeurèrent toujours très vifs, tint à honneur d'effacer ainsi, autant que possible, la trace des discordes passées.

En tout cas André traversa sans encombre la plus grande partie de la Terreur : il fût même probablement sorti vivant de cette terrible épreuve, épargné ou plutôt oublié par ses ennemis, si un fatal accident, dû au plus fortuit des hasards, ne l'avait fait tomber tout vivant aux mains du tribunal révolutionnaire qui ne devait pas lâcher sa proie.

Le 17 ventôse an II de la République (7 mars 1794), un agent du Comité de sûreté générale, nommé Gennot, accompagné de trois autres commissaires, se présenta dans une maison de la commune de Passy, située à la porte du Bois de Boulogne, en face du château de la Muette. Gennot était porteur d'un mandat d'arrestation concernant la *citoyenne Piscatory,* c'est-à-dire Mme Pastoret, femme d'un ex-administrateur du département de Paris, et fille de M. Piscatory, ancien membre de la *Société de 1789.* Il ne trouva pas Mme Pastoret chez elle ; mais il y trouva son père, son mari et une troisième personne qui était André Chénier. Gennot demanda à ce dernier ce qu'il faisait à cette heure avancée de la soirée dans une maison qui n'était pas la sienne. Ici laissons la parole au procès-verbal officiel, en respectant le style et l'orthographe du citoyen Gennot : « Il nous a exibée sa carte de la section de Brutus en nous disant qu'il retournaist apparis, et qu'il était Bón citoyent et que cetoit la première foy qu'il venoit dans cette maison, qu'il étoit à compagnier d'une citoyene de Versaille dont il devoit la conduire audit Versaille apprest avoir pris une voiture au bureaux du cauche il nous a fait cette declaration à dix heure moins un quard du soir.... et apprest lui avoir fait la demande de sa démarche nous ayant pas répondu positivement nous avon décidé qu'il seroit en arestation dans laditte maison. » Gennot supposa sans doute (en quoi il n'avait probablement pas tort) qu'André avait favorisé l'évasion de Mme Pastoret, et il garda son prisonnier jusqu'au lendemain, non sans lui avoir fait subir un long interrogatoire qui nous a été conservé et qui subsiste à la fois comme un important document biographique et comme un curieux témoignage des mœurs du temps. Gennot lui demanda son nom, ses moyens d'existence, voulut lui faire avouer qu'il était en rapport avec l'Angleterre, lui reprocha de n'avoir pas monté la garde le 10 août, et ne voulut pas croire qu'il fût malade ce jour-là. A toutes ces sottes imputations André répondit avec sang-froid, mais avec un accent dédaigneux, qui dut indisposer encore davantage contre lui son indigne accusateur : il refusa d'ailleurs de signer le procès-verbal de son interrogatoire.

Le lendemain, sur l'ordre du Comité révolutionnaire de Passy, André était conduit à la prison du Luxembourg, où le concierge refusa de le recevoir. Gennot alors le mena lui-même à Saint-Lazare, où, après quelques formalités, on l'admit. Il ne fut inscrit sur le registre d'entrée de la prison que le lendemain 19 ventôse, sous la rubrique : *détenu par mesure de sûreté générale.* Vers la même époque, Sauveur Chénier, adjudant général à l'armée du Nord, était arrêté à Beauvais sur la dénonciation d'André Dumont, député de l'Oise : de là on le transféra à la Conciergerie quelques semaines plus tard.

L'arrestation d'André ayant eu lieu par hasard et sans motif bien défini, à l'insu même du terrible Comité de Sûreté générale de Paris, il sembla prudent à la famille Chénier, une fois le premier moment de stupeur passé, de ne pas éveiller par des démarches inconsidérées l'attention des membres de ce comité. En effet, il eût été dangereux de désigner André à la vengeance de Collot d'Herbois ; et d'autre part l'intervention ouverte de Marie-Joseph en faveur de ses frères eût été de peu de poids: car l'auteur de *Caïus Gracchus* et de *Timoléon* commençait à être suspect de modérantisme aux yeux des Robespierre et des Couthon. M. Chénier courut à la prison pour tenter de voir son fils : peut-être fit-il une visite à Barère (quoique ce fait semble avoir été dénaturé plus tard par le légitime ressentiment de la famille Chénier) ; en tout cas il borna là ses démarches, il se résigna à tout espérer d'un nouveau hasard ou du temps.

A Saint-Lazare, André retrouva plusieurs de ses amis, qui l'avaient déjà précédé ou qui le rejoignirent bientôt : Roucher, le poète des *Mois*, son vaillant collaborateur au *Journal de Paris*, les deux Trudaine, ses amis de jeunesse, ses compagnons de voyage en Italie ; le peintre Suvée, qui le 29 messidor fit le portrait du poète dans sa cellule. François de Pange avait échappé à la tourmente, pour mourir deux ans plus tard, épuisé par la maladie. La Camille des *Élégies*, Mme de Bonneuil, était prisonnière comme André Chénier, mais à Sainte-Pélagie. Outre Roucher, les Trudaine et Suvée, les murs de

Saint-Lazare contenaient une foule énorme de prisonniers de tout sexe, de tout âge et de toute condition, réunis par le malheur : des aristocrates (comme la marquise de Saint-Aignan, la baronne d'Hinnisdal, la duchesse de Fleury, le comte de Vergennes, le prince de Montmorency), d'anciens députés, des magistrats, des prêtres, d'autres prévenus plus obscurs, entassés dans ces cachots par le sinistre hasard des délations : mélange curieux de vertus éminentes et de vices élégants, où dominaient surtout, au milieu même des angoisses de la peur, l'insouciance et la frivolité : fidèle image de cette société de l'ancien régime dans laquelle la Révolution portait une hache sanglante. Dans un chapitre de son roman de *Stello*, Alfred de Vigny nous a peint sous de vives couleurs l'animation qui régnait dans les préaux et dans le réfectoire de Saint-Lazare, les conversations et les galanteries qui y avaient cours, les amusements auxquels en étaient réduits les malheureux prisonniers, le funèbre jeu de la *guillotine* auquel ils se livraient par une suprême dérision et comme pour narguer la mort qui les guettait. D'autre part, quand le « noir recruteur des ombres, escorté d'infâmes soldats, » venait appeler de nouvelles victimes pour les conduire devant le tribunal révolutionnaire, c'étaient des effrois, des scènes affreuses de désolation et d'angoisse, dont peut donner une idée le dramatique tableau de Muller, *l'Appel des condamnés*, que la gravure a depuis longtemps popularisé (1).

(1) Cette composition, du moins en ce qui concerne André Chénier, est de pure fantaisie, et contraire même à la réalité des faits :

L'attitude d'André Chénier fut plus grave et plus digne. On peut négliger sur ce point le témoignage fort équivoque de la marquise de Créqui dont les *Souvenirs*, très tardivement rédigés, manquent absolument d'autorité : les faits qu'elle rapporte sont d'ailleurs d'un médiocre intérêt et grossissent bien inutilement la légende qui s'est attachée au nom de Chénier : qu'André ait soutenu le pari de parler toujours en vers à un certain M. Clément, ou bien qu'il ait charitablement pansé les vésicatoires d'un vieux juif italien nommé Fioraventi, cela importe assez peu à sa gloire. Les vrais témoins de le captivité d'André, témoins glorieux et irrécusables, sont les vers qu'il composa dans sa prison. Sa famille avait réussi, au prix de mille périls, à entretenir une correspondance avec lui, grâce à la complicité d'un gardien. André reçut ainsi quelques livres, et il fit passer à son père au fur et à mesure les poésies qu'il faisait : il les traçait d'une écriture très fine sur une bande de papier étroite, et les cachait dans le linge qu'il renvoyait chez lui. Si une seule de ces pièces était tombée aux mains du geôlier, c'était pour André la comparution immédiate devant le tribunal révolutionnaire, et la mort. Car la plume qui avait tracé ces lignes avait été trempée « dans le fiel et dans l'amertume », ces vers disloqués et boiteux, où parfois les mots importants étaient déguisés ou laissés en blanc, contenaient le plus éloquent et le plus terrible pamphlet qu'ait jamais enfanté la juste indignation d'un honnête homme.

l'artiste a ingénieusement mis en scène la légende du dernier *Iambe* du poète, interrompu par l'arrivée des soldats.

Outre ces *Iambes* vengeurs, André composa encore l'*Ode à Marie-Joseph*, mélancolique et amère, et la délicieuse élégie de la *Jeune Captive*, qui est généralement considérée comme son chef-d'œuvre. Là encore la légende a un peu dénaturé l'histoire : Mlle de Coigny, à qui ces stances sont dédiées, était depuis plusieurs années déjà mariée au duc de Fleury, elle n'avait pas quinze ans, et elle n'allait pas mourir. Le charme exquis de cette poésie ne perd rien d'ailleurs à cette constatation.

Cependant plusieurs semaines, plusieurs mois avaient passé, et les portes de la prison ne s'ouvraient pas assez vite au gré des justes impatiences de la famille d'André. Alors furent faites quelques démarches imprudentes, qui semblent avoir eu pour effet de rendre l'incarcération définitive, et de signaler la victime à la vengeance de ceux qu'il avait jadis mortellement offensés. M. Chénier, confiant dans la bonté de sa cause, rédigea notamment un *Mémoire* justificatif à l'adresse de la Commission chargée de l'examen des détentions. Il y faisait un rapide exposé des faits, racontait comment son fils avait été arrêté sans motif, et montrait combien la conduite de Gennot dans toute cette affaire avait été sotte et aveugle. Puis il ajoutait :

« Le citoyen Chénier est un patriote dont la vie fut toujours irréprochable. Il se fit connaître et s'attira des inimitiés honorables par la franchise et le courage avec lequel il dénonça, comme des intrigants, Brissot, Pétion, Manuel, Danton, sur lesquels son opinion est devenue l'opinion générale. Sous l'ancien régime, comme sous le nouveau, il a vécu, loin de toute ambition, dans l'étude et dans la retraite. Dans les deux dernières années, sa vie a été encore plus retirée : constamment soumis aux lois, étranger à toute intrigue, il allait quelquefois soigner sa santé dans la plus profonde solitude à Versailles, où plusieurs citoyens, ses voisins, rendront témoignage à la vie qu'il a menée. Il y a été malade plusieurs mois, et c'est après sa convalescence que, de retour à Paris, le hasard l'a conduit en visite chez la citoyenne Pastoret. »

Hélas ! il était difficile d'être plus malheureux dans le choix des arguments que ne le fut le malheureux père d'André. C'était rappeler à Collot d'Herbois la fameuse polémique du *Journal de Paris*, où il avait reçu de si rudes coups ; de plus, ces Brissot, Pétion, Manuel, Danton, ces victimes de la veille dont M. Chénier rappelait peu généreusement le souvenir, c'est comme suspects de modérantisme qu'ils venaient de succomber, et c'est comme républicains et jacobins qu'André les avait stigmatisés en 1792. Ce plaidoyer ne pouvait donc guère avoir de succès auprès de Couthon, de Collot d'Herbois, et de Robespierre alors tout-puissant. En vain de son côté Marie-Joseph supplia-t-il en faveur de son frère quelques membres influents du Comité, notamment le conventionnel Dupin : rien ne fut changé à la situation d'André, si ce n'est qu'il fut vers cette époque inscrit sur le registre officiel des écrous, formalité qu'on avait négligée de remplir. Le moment approchait pourtant où il allait sortir de Saint-Lazare : mais c'était pour comparaître devant le tribunal révolutionnaire.

Les prisons de Paris regorgeaient d'une foule de détenus entassés là depuis plusieurs mois : il fallait à toute force les vider d'une façon ou d'une autre. La Commission instituée pour faire une revision générale s'était bien gardée de rendre aucun des prisonniers à la liberté. Dès lors, il fallait avoir recours à l'autre moyen : vider les prisons par la mort. « Il faudrait peut-être purger en un instant les prisons et déblayer le sol de la liberté de ces immondices, de ces rebuts de l'humanité. Justice serait faite, et il serait plus facile d'établir l'ordre dans les prisons. » Un nommé Hermann proposa la chose au Comité de Salut public, qui se hâta d'approuver : Robespierre, Billaud-Varennes, Barère signèrent d'abord ; puis Carnot, Couthon, Prieur, Collot d'Herbois, Robert Lindet. Des espions, mêlés aux prisonniers, et chargés de surprendre leur conversation, dénoncèrent bientôt cinq ou six pauvres diables comme coupables d'avoir mal parlé des membres du Comité de Salut public, et d'avoir fomenté des projets d'évasion. On fit alors une enquête au Luxembourg et à Saint-Lazare. Au Luxembourg, on engloba cent cinquante-neuf malheureux détenus dans cette conspiration imaginaire ; cent cinquante-six furent condamnés à mort par le tribunal révolutionnaire et périrent le 19, le 21 et le 22 messidor. Aussitôt après, vint le tour de Saint-Lazare. Lanne, Hermann et Faro, trois créatures de Robespierre, se chargèrent de dresser la liste des inculpés : elle contenait quatre-vingt-deux noms. Transmise au bureau de police, elle arriva enfin entre les mains de l'accusateur public, Fouquier-Tinville, chargé de traduire les prévenus devant le tribunal révolutionnaire : la liste définitive comprenait

quatre-vingts accusés, et parmi eux André Chénier. On fabriqua à la hâte les dossiers des prévenus, les actes d'accusation ; on mêla perfidement
à cette prétendue conspiration des prisons la conspiration de Dillon et Chaumette, et celle même
d'Hébert (le Père Duchesne), vieilles de trois mois
et déjà terminées par de sanglantes exécutions.
Enfin, quand tout fut prêt, les accusés, répartis
en trois fournées, furent extraits successivement
de Saint-Lazare. Le 5 thermidor vingt-cinq furent
condamnés à mort et exécutés le soir même, sauf
la marquise de Saint-Aignan, qui dut la vie à
l'enfant qu'elle portait dans son sein.

André faisait partie de la seconde fournée. Il
quitta Saint-Lazare pour la Conciergerie le 6, avec
vingt-six autres prisonniers, dont son ami Roucher. Les Trudaine étaient réservés pour la fournée du lendemain.

Le 7 thermidor, à neuf heures du matin, Chénier et ses compagnons comparurent devant le
tribunal révolutionnaire, présidé par Coffinhal.
L'acte d'accusation, rédigé par Fouquier-Tinville,
avait confondu les dossiers d'André Chénier et de
Sauveur Chénier, alors détenu à la Conciergerie.
André était qualifié à la fois d'*homme de lettres* et
d'*ex-adjudant général chef de brigade sous Dumouriez ;* on lui reprochait longuement, entre autres
griefs, sa complicité dans la trahison de Dumouriez ; Fouquier, averti de sa méprise par André
lui-même, se contenta de rayer tout ce qui con-
cernait Sauveur. André restait donc accusé d'avoir
trempé dans la conspiration des prisons, au même
titre que tous ses compagnons ; mais de plus on

lui faisait un crime, ainsi qu'à Roucher, de sa
courageuse campagne de 1792 dans le *Journal
de Paris*.

« En effet, Roucher et Chénier n'ont-ils pas été les
écrivains stipendiés du tyran, pour égarer et corrompre
l'esprit public et préparer tous les crimes du despotisme
et de la tyrannie ? N'étaient-ils pas, en 1791 et en 1792,
les salariés de la liste civile et les mercenaires du Comité
autrichien, pour provoquer, en les diffamant, en les
calomniant, la dissolution des sociétés populaires et
la proscription de tous les patriotes qui en étaient
membres ? N'étaient-ce pas eux qui rédigeaient le supplément du *Journal de Paris*, où, sous l'apparence de
soutenir les principes constitutionnels, on préparait la
contre-révolution ? »

Sur la séance même, sur les questions qui
furent posées aux inculpés, sur les réponses qu'ils
firent, il ne reste aucun autre témoignage que le
procès-verbal officiel, rédigé sans doute en grande
partie à l'avance, comme le prouve le titre de
chef de brigade sous Dumouriez accolé encore au
nom de Chénier. Cette pièce assez courte ne
contient aucun détail intéressant : elle est entièrement consacrée à la mention des formalités
judiciaires, qui d'ailleurs ne furent pas toutes
observées dans cette circonstance. Chénier, n'en
doutons pas, sut conserver devant ses juges son
attitude digne et hautaine. Tous les accusés furent
condamnés à mort par le jury, sauf un seul, pour
lequel il y avait eu confusion de personne.
Fouquier prévint immédiatement le « citoyen
commandant général de la force armée pari-
sienne » de prendre ses mesures pour exécuter

le jour même ledit jugement. Les condamnés furent extraits de la Conciergerie, et conduits en charrettes sur la place de la barrière de Vincennes, à six heures du soir. Roucher monta le premier sur l'échafaud ; André mourut le second. Quarante-huit heures plus tard, la France était délivrée de l'odieuse tyrannie qui pesait sur elle : c'était le 9 thermidor.

Quels furent les sentiments et les dernières paroles d'André Chénier à cet instant suprême ? La légende seule s'est chargée de nous le dire, et non l'histoire : il n'existe sur ce point aucun témoignage sérieux. Mais tel que nous connaissons André, nous pouvons assurer qu'il mourut en citoyen et en poète, les yeux fixés sur ce rayonnant idéal qui avait inspiré toutes les paroles et tous les actes de sa vie.

On peut placer encore au nombre des récits plus ou moins contestables l'histoire de la visite du père de Chénier à Barère le 4 thermidor, et l'hypocrite réponse du conventionnel : « Votre fils sortira dans trois jours. » La juste douleur de la famille Chénier a certainement chargé la mémoire de Barère d'un invraisemblable forfait. Barère n'a rien empêché ; mais il n'a pas fait l'atroce jeu de mots qu'on lui prête.

M. Chénier ne survécut que peu de temps à celui de tous ses enfants que lui était le plus cher. Il mourut dix mois plus tard, le 26 mai 1795, entouré de l'estime et de la pitié publiques.

Marie-Joseph fut peut-être encore plus cruellement frappé par la mort d'André, car il ne le fut pas seulement dans son affection, mais aussi dans son honneur. Pendant les inévitables excès de la réaction thermidorienne, on lui reprocha durement d'avoir été l'ami des assassins d'André, et d'avoir laissé consommer un crime qu'il aurait pu empêcher. Suard, Lacretelle et d'autres anciens collaborateurs du *Journal de Paris* crurent défendre la mémoire du mort en accusant Marie-Joseph de fratricide : toute une nuée de folliculaires, comme en traînent toujours après elles les époques troublées, s'acharna contre lui, et, rééditant chaque jour à ses oreilles cette épouvantable imputation, lui firent subir le plus cruel supplice que pût éprouver un honnête homme. Est-il besoin de défendre Marie-Joseph contre un pareil soupçon ? Patriote ardent et convaincu, auteur du *Chant du départ* et de plusieurs tragédies politiques pavées de bonnes intentions et parfois émaillées de beaux vers, Marie-Joseph Chénier n'avait rien de ce qui fait les Caïns. Ame enthousiaste et naïve, esprit honnête et étroit, il a pu se laisser entraîner beaucoup trop loin par sa vanité littéraire ; mais il n'a jamais été le complice des assassins de son frère : que n'a-t-il été vraiment leur ami, comme on le lui a si injustement reproché ! André eût pu alors être sauvé. La vérité est que Marie-Joseph, suspect à Robespierre, n'a pas réussi malgré tous ses efforts à soustraire André au sort fatal, qui eût sans doute aussi été le sien, si la Terreur avait encore duré.

Deux témoignages suffiront d'ailleurs à laver Marie-Joseph de cet affreux soupçon.

Voici d'abord l'éloquente et sincère protestation du frère calomnié :

On ose m'accuser !
Moi, jouet si longtemps de leur lâche insolence,
Proscrit pour mes discours, proscrit pour mon silence,
Seul, attendant la mort, quand leur coupable voix
Demandait à grands cris *du sang et non des lois* !
Ceux que la France a vus ivres de tyrannie,
Ceux-là même, dans l'ombre armant la calomnie,
Me reprochent le sort d'un frère infortuné
Qu'avec la calomnie ils ont assassiné !
L'injustice agrandit une âme libre et fière.
Ces reptiles hideux, sifflant dans la poussière,
En vain sèment le trouble entre son ombre et moi ;
Scélérats ! contre vous elle invoque la loi.
Hélas ! pour arracher la victime aux supplices,
De mes pleurs chaque jour fatiguant vos complices,
J'ai courbé devant eux mon front humilié ;
Mais ils vous ressemblaient : ils étaient sans pitié !
Si le jour où tomba leur puissance arbitraire,
Des fers et de la mort je n'ai sauvé qu'un frère,
Qu'au fond des noirs cachots Dumont avait plongé,
Et qui, deux jours plus tard, périssait égorgé,
Auprès d'André Chénier avant que de descendre
J'élèverai la tombe où manquera sa cendre,
Mais où vivront du moins et son doux souvenir,
Et sa gloire, et ses vers dictés par l'avenir.
Là, quand de Thermidor la septième journée
Sous les feux du Lion ramènera l'année,
O mon frère, je veux, relisant tes écrits,
Chanter l'hymne funèbre à tes mânes proscrits.
Là souvent tu verras, près de ton mausolée,
Tes frères gémissants, ta mère désolée,
Quelques amis des arts, un peu d'ombre et de fleurs ;
Et ton jeune laurier grandira sous nos pleurs.

(Marie-Joseph Chénier. *La Calomnie*.)

Le second témoignage, vraiment irrécusable,
consiste dans le cri d'une mère, deux fois meur-
trie dans ses plus chères affections. Le 26 frimaire

an V (16 décembre 1796), Mme veuve Chénier adressa cette lettre à la *Sentinelle* :

« Je viens de lire avec indignation dans un journal les atroces calomnies vomies contre mon plus jeune fils, Marie-Joseph Chénier, par l'infâme André Dumont, reste impur de ces brigands qui, sous le règne de la Terreur, ont couvert la France de larmes et de sang.

Dans ces temps affreux, quand deux de mes enfants gémissaient au fond des cachots, l'un par les ordres de Robespierre, l'autre par ceux d'André Dumont, Marie-Joseph Chénier, seule consolation de sa famille, ouvertement proscrit lui-même par Robespierre et ses complices, n'a cessé de faire des démarches pour ses frères infortunés, auprès d'une foule de membres des deux comités homicides : elles n'étaient que trop infructueuses ainsi que celles de son père.

Le vertueux André Chénier périt assassiné le 7 Thermidor. Sauveur, son frère, eût péri de même sans le grand événement qui arriva deux jours après.

Marie-Joseph, hautement menacé, les aurait suivis. Ses parents et ses amis savent qu'il s'était muni d'un poison violent pour ne pas tomber aux mains des tyrans sanguinaires, dont il ne parlait à toutes les époques qu'avec une profonde horreur. Un de ceux qu'il méprisait le plus, André Dumont, ose l'accuser d'avoir abandonné sa mère.

Ah ! bien loin de l'avoir abandonnée, il lui donne chaque jour de nouvelles marques de la tendresse filiale; c'est lui qui me tient lieu de tout, et je lui donne publiquement ce témoignage authentique, afin de soulager mon cœur maternel et de confondre ses calomniateurs. »

E. L. veuve CHÉNIER.

Il ne faut donc charger la mémoire de Marie-Joseph Chénier d'aucun soupçon de complicité avec les sinistres brigands qui déshonoraient la

République, et qui venaient d'assassiner André.
Ce crime n'est pas le sien, il est celui de la Terreur.
La vraie faute de Marie-Joseph n'est pas là : elle
est tout entière dans ce fait, qu'il semble avoir
méconnu le génie de ce frère, et qu'ayant possédé
tous les précieux manuscrits, où palpitait encore
la grande âme du supplicié, il n'a pas su ou il
n'a pas voulu les donner à la postérité.

CHAPITRE V

L'ŒUVRE D'ANDRÉ CHÉNIER.

Chénier n'a publié que deux poésies : l'*Ode du Jeu de paume*, et l'*Hymne sur l'entrée triomphale des Suisses de Châteauvieux*. Si l'on y ajoute les vingt-sept ou vingt-huit articles (en prose) parus dans divers journaux durant les années 1790, 1791 et 1792, on aura la totalité des œuvres qu'André a volontairement livrées au jugement de ses contemporains. Mais en mourant il laissait d'assez volumineux papiers manuscrits, qui restèrent d'abord la propriété de Marie-Joseph, qui passèrent ensuite entre les mains de Daunou, de Henri de Latouche, et qui viennent d'être enfin tout récemment légués à une bibliothèque publique. Ces papiers, dans lesquels on a déjà depuis longtemps puisé, et que Gabriel de Chénier a presque entièrement publiés dans l'édition qu'il nous a donnée, contenaient donc à peu près toute l'œuvre du poète, restée longtemps inédite par la fatalité du sort : ces papiers posthumes sont le vrai titre de gloire d'André Chénier devant la postérité.

Leur aspect est tragique et navrant : ce ne sont

que morceaux et fragments disjoints, provisions poétiques non encore employées, vers inachevés, canevas intercalés, avec quelques pièces plus parfaites qui reluisent au milieu de ce chaos ; très peu sont terminées, la plupart sont à peine commencées : les titres même sont presque partout absents. On dirait un immense chantier, surpris par une soudaine catastrophe, en pleine activité de travail : tout y est muet et désolé : mais si la vie en a disparu, son image y est du moins encore partout présente. Les *Poésies* de Chénier font songer à cet autre illustre débris, qui s'appelle les *Pensées* de Pascal.

André avait beaucoup entrepris à la fois et n'avait rien terminé : s'il n'a à peu près rien laissé d'achevé, il ne faut pas en accuser seulement la hache du bourreau, mais il faut s'en prendre aussi à la méthode de travail qui était celle de l'auteur. Il nous l'a expliquée lui-même dans la belle épître *Ami, chez nos Français...*, et il y est encore revenu dans un projet de lettre ou d'épître, écrit en juin 1790, qu'il destinait à François de Pange.

« Tu sais combien mes muses sont vagabondes...; elles ne peuvent achever promptement un seul projet ; elles en font marcher cent à la fois. Elles font un pied à ce poème et une épaule à celui-là ; ils boitent tous, et ils seront sur pied tous ensemble. Elles les couvent tous à la fois ; ils sortiront de leur coque à la fois. ils s'envoleront à la fois. Souvent tu me crois occupé à faire des découvertes en Amérique, et tu me vois arriver une flûte pastorale sur les lèvres. Tu attends un morceau d'*Hermès*, et c'est quelque folle élégie... C'est ainsi que je suis maîtrisé par mon imagination. Elle est capricieuse, et je cède à ses caprices. Je vais me promener dans le dessein de m'occuper d'un objet ; à peine ai-je fait dix pas, mon esprit est frappé d'un objet nouveau ; soudain il monte à cheval sur ce bâton, et il va, il va... et là souvent il en rencontre un autre, il remonte encore sur ce nouveau bâton et il court à droite, à gauche .. et l'argile que j'avais amollie et humectée pour en faire un pot à l'eau, sous mon doigt capricieux devient une tasse ou une théière... »

Par malheur la tasse et la théière sortent rarement achevées des mains du potier : il leur manque presque toujours un fond, un bord ou une anse... André se promettait bien d'y revenir un jour ; mais en artiste scrupuleux, il était toujours mécontent de lui-même, et il recommençait éternellement son travail, sans l'achever jamais, enfourchant de nouveaux *bâtons*, et semant les anciens tout le long de sa route. Quoiqu'il n'écrivît guère pour le public, et qu'il aimât à se retirer orgueilleusement dans sa tour d'ivoire, il paraît cependant avoir sérieusement songé à finir quelques pièces et à les publier, comme en témoigne un *Projet de préface* trouvé dans ses notes manuscrites. « L'auteur de ces poésies, y est-il dit, les a extraites d'un grand nombre qu'il a composées et travaillées avec soin depuis dix ans. Le désir de quelque succès dans ce genre et les encouragements de ses amis l'ont enfin déterminé à se présenter au lecteur. Mais comme il est possible que des amis l'aient jugé avec plus de faveur que d'équité, et aussi que les idées du public ne se rencontrent pas avec les siennes et les leurs, il a cru meilleur d'en faire l'essai en ne mettant au jour qu'une petite partie de ses ouvrages. » Cette édition qu'il voulait faire, nous ne savons pas s'il la prépara vraiment, mais nous savons bien qu'il ne l'aurait jamais terminée et qu'il ne serait pas arrivé à surmonter ses infinis scrupules de poète tourmenté par l'idéal. Au lieu de ces quelques pièces artistement ciselées qu'il eût consenti à soumettre à notre profane jugement, il nous a laissé tous ses essais inachevés et informes. La postérité a pieusement recueilli toutes ces reliques, et elle a dû, dans l'intérêt même de l'œuvre, y introduire un ordre factice, qu'eût peut-être désavoué l'auteur.

En pareille matière la première règle consiste à profiter des très rares indications qu'a pu fournir André lui-même.

Une centaine de pièces ou fragments ont été marqués du signe βουκ. par l'auteur : on y peut joindre cinq ou six autres morceaux, de médiocre intérêt d'ailleurs, marqués du signe ειδυλλ. et l'on aura ainsi la partie la plus importante de l'œuvre d'André, c'est-à-dire les *Bucoliques* (arbitrairement divisées par certains éditeurs en *Eglogues, Idylles, Petits Poëmes*, etc...) Les principales pièces de ce recueil sont l'*Aveugle*, le *Mendiant*, l'*O arystis*, la *Liberté*, le *Malade*, *Néère*, la *Jeune Tarentine*, *Hylas*, l'*Esclave*, la *Jeune Locrienne*, etc. etc.

Une centaine d'autres pièces portent la marque ελεγ. Ce sont les *Elégies*, où le poète a chanté, à l'imitation des élégiaques anciens, ses amours, ses amitiés, ses voyages.

Mettons à part dans une troisième catégorie les *Poèmes* (didactiques, scientifiques ou bibliques).

Un seul semble achevé, l'*Invention*; les autres sont l'*Art d'aimer*, *Hermès*, l'*Amérique*, la *République des lettres* (appelée quelquefois les *Cyclopes littéraires*), *Suzanne*, la *Superstition*.

Une quatrième catégorie réunira les poésies écrites à Saint-Lazare, plus connues sous le nom d'*Iambes* (quelques-unes de ces poésies, comme l'*Ode à Marie-Joseph* et la *Jeune captive*, ne sont pas des iambes).

Il ne restera plus dès lors qu'un très petit nombre de pièces inclassées, quelques épîtres, quelques odes (*Jeu de Paume*, *à Charlotte Corday*, *à Fanny* etc.), quelques hymnes (*Châteauvieux*, la *Justice*, etc.), des fragments informes appartenant peut-être à des tragédies, des comédies, ou des satires à peine ébauchées, et des poésies diverses, sans grand intérêt.

Ajoutons à ces cinq parties une sixième comprenant toutes les pièces en prose, c'est-à-dire les articles parus dans le *Journal de la Société de 1789*, dans le *Moniteur*, dans le *Journal de Paris*, divers fragments restés inédits, et enfin une quinzaine de lettres. Nous aurons ainsi les œuvres complètes d'André Chénier.

Tel doit être et tel est en effet le plan de toute bonne édition de notre auteur. Mais, pour bien faire connaître Chénier tout entier, mieux vaut peut-être ne pas s'en tenir à ces divisions purement formelles, et pénétrer, s'il est possible, dans le génie et dans le cœur du poète. Tâchons donc de démêler quels ont été les pensées et les sentiments de cette âme éprise d'un si pur idéal de beauté et de justice.

CHAPITRE VI

LA POÉTIQUE D'ANDRÉ CHÉNIER : IMITATION ET INVENTION.

André Chénier n'est pas un poète purement
instinctif. Il a médité les principes et les règles
de l'art, et il a voulu, tout en étant poète, se rendre
un compte exact des conditions de la poésie. En
d'autres termes, il a eu une doctrine, tout comme
Boileau et Ronsard, qui l'ont précédé : s'il ne l'a
pas édictée en termes exprès dans un art poétique, il l'a du moins suffisamment signifiée çà et
là dans ses vers et notamment dans ce petit poème
de l'*Invention*, fort curieux à étudier, mais que l'on
aurait tort d'isoler de ses autres œuvres. On est
en effet trop porté à considérer le fameux précept e

Sur des pensers nouveaux faisons des vers antiques

comme contenant l'expression définitive et complète de la pensée d'André Chénier. Ce vers
n'explique pas tout, il s'en faut de beaucoup :
il a besoin, au contraire, d'être expliqué à son
tour et rectifié dans une certaine mesure. Il faut
surtout ne pas oublier que le poète est mort avant

4

avant d'avoir fini sa journée, et peut-être même
avant d'être parvenu à ce brillant midi qu'annon-
çait son aurore ; qu'il n'a, pour ainsi dire, rien
achevé de l'œuvre commencée ; qu'en somme nous
le connaissons seulement par ses années d'ap-
prentissage, pendant lesquelles son talent s'est
beaucoup modifié ; et que nous ne savons pas si,
au moment où il mourut, l'évolution de son
génie poétique était vraiment terminée. Aussi ne
doit-on pas demander à sa doctrine l'unité absolue
que d'ailleurs on est très loin de rencontrer dans
ses œuvres. De l'auteur de l'*O arystis* au chantre de
l'*Amérique*, il y a loin, et il ne faut pas s'étonner
si celui-là n'a peut-être pas sur la poésie tout
à fait les mêmes idées que celui-ci. Il y a eu
comme deux moments principaux dans la doctrine de Chénier : le premier correspond aux
Bucoliques, et le second aux *Poèmes* (*Hermès*, *l'Amérique*, etc.) ; entre les deux mettons, si nous vou-
lons, une phase intermédiaire, celle des *Elégies*.

Le principe essentiel et le point de départ de la
poésie de Chénier, c'est l'amour de l'antiquité.
Que l'auteur de l'*Aveugle* et du *Mendiant* n'ait
pas parfaitement compris ou rendu dans son
admirable simplicité l'idéal antique, qu'il l'ait un
peu rapetissé et enjolivé, et qu'il n'ait pas toujours
su assez clairement distinguer les poètes primitifs des alexandrins, Homère de Méléagre, cela
peut se soutenir, et nous l'examinerons plus tard.
Mais ce qui ne peut être mis en doute, c'est que
Chénier a été de tous nos auteurs modernes celui
qui a le plus chéri les Latins et les Grecs : il faut
remonter jusqu'à Ronsard et à la Pléiade pour

trouver un pareil culte des modèles antiques. Cela tient sans doute en partie à l'origine byzantine d'André, à l'influence de la « belle Grecque » qui fut Mme Chénier, à des souvenirs d'enfance pieusement entretenus, à la forte discipline du collège de Navarre ; mais cela tient aussi à une autre cause qui a été récemment mise en lumière, à cette curieuse renaissance antique, qui se produisit vers la fin du xviiie siècle.

C'était comme un dernier hommage rendu (avec quel zèle et quelle ferveur !) à ces grands modèles classiques qui avaient nourri si longtemps l'esprit français et en dehors desquels la littérature allait bientôt chercher un idéal nouveau. La Muse française se remit à l'école des Grecs et des Latins, elle leur redemanda le sens de l'art et le secret de la poésie. La Révolution elle-même, comme on sait, fut constamment hantée par les souvenirs antiques : aux yeux de beaucoup les luttes intestines de la Convention semblèrent un déchirement entre Athènes (la Gironde) et Rome (la Montagne) ; et la réaction thermidorienne fut comme la revanche de la Grèce écrasée. Tout ce mouvement des esprits s'accomplit en dehors et à côté d'André Chénier, qui n'a pas publié de son vivant un seul vers des *Bucoliques* et des *Élégies*, et qui, en adorant la Grèce, ne faisait que suivre le goût général, en même temps que le secret penchant de son cœur. Le poétique fils de Byzance n'a pas été un isolé du milieu de ses contemporains : il a paru à son heure et à sa place.

Cette vénération pour les anciens, qui fut le

premier sentiment éclos dans l'âme d'André, ne l'abandonna pas jusqu'à sa mort : dans la prison de Saint-Lazare, alors qu'il aiguisait ces iambes « persécuteurs du crime », il s'intitulait fièrement encore « fils d'Archiloque ». Mais ce fut surtout pendant les premières années de sa carrière, comme il était dans toute l'ardeur de son juvénile enthousiasme, qu'il poussa jusqu'à la superstition le culte des vieux auteurs. Les épîtres qu'il échangea avec Lebrun aux environs de l'année 1782 en offrent le curieux témoignage : il n'y est question que du Parnasse, du Permesse et du Pinde, sans compter les bosquets de l'Hélicon, les banquets de Gnide, les fleurs de Paphos ; composer une idylle s'appelle *animer la flûte de Sicile ;* une élégie, *ranimer les pleurs de Properce ;* une ode, *agiter les rênes de Pindare,* ou bien, suivant le cas, *enflammer les guerriers aux accents de Tyrtée,* ou encore *faire gémir la lyre de Simonide ;* une invective politique, *écraser les tyrans sous les foudres d'Alcée* ; un poème scientifique, *se faire le studieux interprète des leçons d'Ascra,* — et ainsi de suite. C'est un parti pris constant de voir et de sentir toutes choses à l'antique, de se refaire un esprit et un cœur semblables à ceux des contemporains de Théocrite ou de Virgile. Ronsard n'était guère plus païen quand il identifiait Dieu à Jupiter et les souffrances du Sauveur aux travaux d'Alcide, ou quand il couronnait solennellement à Auteuil le bouc de la tragédie.

L'imitation des modèles : telle est donc au début pour Chénier la première et, semble-t-il, l'unique règle de la poésie. Le génie, d'après lui, consiste à savoir imiter.

Il y a bien des façons d'imiter les modèles, et c'est un art difficile ignoré du vulgaire. André nous a laissé sur cette matière des confidences fort intéressantes. Souvent, nous dit-il, il se contente d'envahir les richesses des anciens : c'est la forme la plus simple de l'imitation. Ainsi un très grand nombre de pièces et de fragments des *Bucoliques* sont des traductions de Callimaque, de Bion, de Moschus ou de tel autre poète ; dans ce cas les auteurs anciens fournissent à peu près toute la substance et toute la forme de la poésie : c'est pour l'imitateur français un glorieux esclavage librement consenti. Mais il est une autre imitation plus originale, qui consiste à créer avec les modèles, et c'est la méthode qu'André suit le plus souvent : double ou triple procédé, comme on en peut juger. Tantôt le poète adopte une pensée d'un auteur, mais il la rajeunit par l'image et par le tour plus modernes. Tantôt il ne retient que les mots, mais il en détourne le sens et leur fait signifier des objets plus nouveaux. Tantôt il transforme une page de prose, qui fuit comme une onde entre ses poétiques doigts et devient une poésie nombreuse. Telle est la tâche délicate du poète. André abonde en vives métaphores pour nous l'expliquer clairement. Il se compare à un jardinier transplantant sur un terrain tout neuf des arbustes empruntés à d'antiques vergers, ou greffant avec adresse des rameaux étrangers sur des troncs plus jeunes, pour en obtenir des fruits délicieux. Il dit encore qu'il tisse dans ses

vers tout ce que les vieux modèles lui offrent d'or
et de soie, et qu'il s'ingénie à joindre toutes ces
diverses pièces par une couture invisible.

Voici du reste le passage, élégamment versifié,
et où le poète, joignant l'exemple au précepte,
a glissé plus d'une exquise imitation de Virgile
et d'Horace, voire même de Montaigne.

> Souvent des vieux auteurs j'envahis les richesses.
> Plus souvent leurs écrits, aiguillons généreux,
> M'embrasent de leur flamme, et je crée avec eux.
> Un juge sourcilleux, épiant mes ouvrages,
> Tout à coup à grands cris dénonce vingt passages
> Traduits de tel auteur qu'il nomme ; et, les trouvant,
> Il s'admire et se plaît de se voir si savant.
> Que ne vient-il vers moi ? Je lui ferai connaître
> Mille de ces larcins qu'il ignore peut-être.
> Mon doigt sur mon manteau lui dévoile à l'instant
> La couture invisible et qui va serpentant
> Pour joindre à mon étoffe une pourpre étrangère.
> Je lui montrerai l'art, ignoré du vulgaire,
> De séparer aux yeux, en suivant leur lien,
> Tous ces métaux unis dont j'ai formé le mien.
> Tout ce que des Anglais la muse inculte et brave,
> Tout ce que des Toscans la voix fière et suave,
> Tout ce que les Romains, ces rois de l'univers,
> M'offraient d'or et de soie, est passé dans mes vers.
> Je m'abreuve surtout des flots que le Permesse
> Plus féconds et plus purs fit couler dans la Grèce ;
> Là, Prométhée ardent, je dérobe les feux
> Dont j'anime l'argile et dont je fais des dieux.
> Tantôt chez un auteur j'adopte une pensée,
> Mais qui revêt, chez moi souvent entrelacée,
> Mes images, mes tours, jeune et frais ornement ;
> Tantôt je ne retiens que les mots seulement :
> J'en détourne le sens, et l'art sait les contraindre
> Vers des objets nouveaux qu'ils s'étonnent de peindre.
> La prose plus souvent vient subir d'autres lois,

Et se transforme, et fuit mes poétiques doigts :
De rimes couronnée, et légère et dansante,
En nombres mesurés elle s'agite et chante.
Des antiques vergers ces rameaux empruntés
Croissent sur mon terrain mollement transplantés ;
Aux troncs de mon verger ma main avec adresse
Les attache, et bientôt même écorce les presse.
De ce mélange heureux l'insensible douceur
Donne à mes fruits nouveaux une antique saveur.
Dévot adorateur de ces maîtres antiques,
Je veux m'envelopper de leurs saintes reliques
Dans leur triomphe admis je veux le partager,
Ou bien de ma défense eux-mêmes les charger.
Le critique imprudent, qui se croit bien habile,
Donnera sur ma joue un soufflet à Virgile ;
Et ceci (tu peux voir si j'observe ma loi)
Montaigne, il t'en souvient, l'avait dit avant moi.

Ces beaux vers font nécessairement penser à ceux, plus beaux encore, que La Fontaine a adressés à Daniel Huet, évêque de Soissons, sur le même sujet (1). A première vue ces deux théories semblent presque identiques, et l'on est même frappé par la ressemblance (fortuite ou voulue?) de certaines expressions. Pourtant, à y regarder

(1). . . . .
    Quelques imitateurs, sot bétail, je l'avoue,
    Suivent en vrais moutons le pasteur de Mantoue.
    J'en use d'autre sorte ; et, me laissant guider,
    Souvent à marcher seul j'ose me hasarder.
    On me verra toujours pratiquer cet usage.
    Mon imitation n'est pas un esclavage ;
    Je ne prends que l'idée et les tours et les lois
    Que nos maîtres suivaient eux-mêmes autrefois.
    Si d'ailleurs quelque endroit plein chez eux d'excellence
    Peut entrer dans mes vers sans nulle violence,
    Je l'y transporte et veux qu'il n'ait rien d'affecté,
    Tâchant de rendre mien cet air d'antiquité.
    Je vois avec douleur ces routes méprisées :
    Art et guides, tout est dans les Champs-Elysées.

de près, la thèse de La Fontaine est plus libérale
que celle de Chénier. D'abord le fabuliste proteste
contre l'imitation servile, tandis que l'auteur des
Idylles ne trouve pas un mot de blâme contre le
sot bétail puis La Fontaine, au lieu de nous
décrire complaisamment les divers procédés
d'imitation, insiste plutôt sur le caractère original que doit conserver l'œuvre : *sans nulle violence,
rien d'affecté, tâchant de rendre mien cet air d'antiquité.* Enfin si l'on peut trouver excessive cette
profession de foi :

Art et guides, tout est dans les Champs-Elysées,

on s'explique du moins ce généreux enthousiasme
par l'ardeur de la querelle qui troublait alors la
république des lettres : les anciens avaient été
bafoués en pleine Académie, et c'était faire acte
de courage que de saluer en eux des maîtres méconnus. Quoi qu'il en soit, je doute que La Fontaine
eût admis dans les mêmes termes que Chénier la
théorie de la *couture invisible*, qui réduit la poésie
à n'être guère qu'une collection de morceaux
admirablement joints. A coup sûr un poète de
génie peut animer d'un esprit nouveau toutes ces
pièces empruntées, et composer ainsi un chef-
d'œuvre. Virgile n'a guère fait autrement dans
ses *Bucoliques* et même dans son *Enéide.* Cela
n'empêche pas que, malgré son art merveilleux,
Virgile restera toujours bien au-dessous d'Homère
pour cette raison même. Chénier, en se réclamant
de cette même doctrine, se montrait, en réalité,
bien moins Grec que Latin : en cela, comme en

presque tout d'ailleurs, il allait d'instinct bien
moins aux poètes primitifs, qu'à ceux des anciens
qui de leur temps déjà avaient été des imitateurs.

Pourtant, il est juste de remarquer, à travers
l'étroitesse de cette théorie, quelques indices
d'une conception plus libérale de la poésie.
D'abord André ne se cantonne pas le moins du
monde dans l'imitation exclusive des anciens.
S'il cherche, par-dessus tout, à rivaliser avec
ses chers Grecs et avec les Latins, il s'a-
dresse volontiers aussi à la *muse inculte et brave*
des Anglais (Shakespeare, Milton), ainsi qu'à
celle des Toscans, *fière et suave* (Pétrarque, Alfieri,
etc.), sans compter les Français qu'il connaissait
bien aussi (Rabelais, Montaigne, Malherbe). Son
adoration pour les vieux auteurs ne l'empêchait
pas d'être éclectique : comme La Fontaine, il
pouvait dire :

> J'en lis qui sont du Nord et qui sont du Midi.

Enfin dans cette apologie de l'imitation à
outrance, il admettait que le poète exprimât
des idées que les Grecs n'avaient pas eues.
C'était rouvrir indirectement la porte à l'originalité. Peindre avec des couleurs anciennes
des objets nouveaux, ce n'est plus imiter qu'à
moitié, et cela nous conduit au deuxième moment de la doctrine de Chénier, à sa théorie de
l'invention poétique. Sans doute ces deux sys-
tèmes — imitation et invention — ne sont
pas forcément contradictoires dans la pensée
intime d'André ; il n'en est pas moins vrai qu'ils

ne sont pas non plus identiques : ils représen-
tent bien deux états différents de l'esprit du poète,
et même jusqu'à un certain point, deux phases
distinctes dans le développement de son génie.
Imiter les idylles de Théocrite ou les élégies de
Tibulle, c'est bien : il y eut pourtant des moments
où André se dit en lui-même que ce n'était pas
tout, et qu'il y avait une autre manière d'être
poète.

Ce serait se faire une idée fort incomplète
et par là même tout à fait inexacte d'André Chénier que de s'attacher à voir uniquement en lui
un sectateur des anciens, que dis-je ? un vrai
Grec, un pur Hellène, égaré au milieu des barbares. Nul ne fut plus moderne en un sens que
l'auteur de l'*Aveugle* et du *Mendiant*. Son hellénisme même, nous le verrons, fut, en grande
partie du moins, une manifestation des tendances modernes de son esprit. Si Chénier fut
peu Gaulois, il fut du moins Français, Français
du xviiie siècle. Il ne traversa pas son époque,
perdu dans des rêveries antiques et insensible
au monde qui l'entourait ; au contraire il resta,
tant qu'il vécut, en communication très intime
avec ses contemporains, dont il partagea la plupart des idées et des sentiments. Ce qui lui appar-
tint en propre, c'est une noblesse instinctive,
une hauteur de cœur qui, à certains moments
de sa vie, l'éleva très au-dessus de la foule ; mais
en somme il nous offre l'image assez fidèle, encore
que très idéalisée, du siècle à son déclin. André
fut un homme de plaisir, comme en témoignent
ses *Elégies* et, au besoin, ses propres aveux : il y

eut chez lui, comme chez les personnages les plus graves du siècle, chez Montesquieu, par exemple, une veine érotique. André fut un incrédule, non qu'il ait épousé les parti-pris violents et injustes de l'Encyclopédie contre le christianisme ; mais l'idée chrétienne est absente de son œuvre : on sent qu'il a lu l'*Essai sur les Mœurs*. André fut un philosophe : il a cru à la souveraineté de la raison humaine, à l'infaillibilité de la science, à la vertu de la liberté ; il a marché avec son temps, et, sur certains points, il l'a devancé. Un pareil homme, quelle que fût son adoration pour la Grèce, ne pouvait s'attarder indéfiniment à chanter Néère ou Hylas, ni consacrer toutes les ressources de son génie à de patientes restitutions de l'antique : tout en restant fidèle au culte de la Beauté, il devait chercher des voies nouvelles, pour tâcher de donner à ses contemporains la poésie qu'ils attendaient.

C'est à cette préoccupation qu'est dû le poème de l'*Invention*. L'ouvrage débute par un éloge enthousiaste du *fils du Mincius* (Virgile) et de tous les anciens ; mais l'intention du poète s'annonce clairement dès les premiers vers. Il ne s'agit plus d'indiquer par quels procédés on pourra incorporer dans un poème français les hémistiches des *Géorgiques* ou les épithètes de l'*Odyssée* : il s'agit cette fois d'imiter les anciens, non pas en les copiant, mais en faisant autrement qu'eux, en élevant de nouvelles colonnes dans le temple de la poésie qu'ils ont bâti.

> Nul âge ne verra pâlir vos saints lauriers :
> Car vos pas inventeurs ouvrirent les sentiers,

Et du temple des arts que la gloire environne
Vos mains ont élevé la première colonne.
A nous tous aujourd'hui, vos faibles nourrissons,
Votre exemple a dicté d'importantes leçons.
Il nous dit que nos mains, pour vous être fidèles,
Y doivent élever des colonnes nouvelles.
L'esclave imitateur naît et s'évanouit ;
La nuit vient, le corps reste, et son ombre s'enfuit.
Ce n'est qu'aux inventeurs que la vie est promise.

Ainsi donc Chénier s'élève à son tour, après Horace, après La Fontaine, contre les esclaves imitateurs, *servum pecus*, et il promet la gloire de la poésie aux seuls inventeurs. Osons, dit-il ; inventons. Mais qu'est-ce qu'inventer ? Est-ce imaginer des objets auxquels personne n'a jamais pu penser ? Est-ce, par amour de la nouveauté, créer des fantômes monstrueux, qui blessent à la fois la vérité, le bon sens et la raison ? Assurément non. Inventer n'est pas créer des objets fantastiques : c'est savoir découvrir tout ce qui est dans la nature, et que le vulgaire n'aperçoit pas toujours.

Ainsi donc dans les arts l'inventeur est celui
Qui peint ce que chacun put sentir comme lui ;
Qui, fouillant des objets les plus sombres retraites,
Etale et fait briller leurs richesses secrètes ;
Qui, par des nœuds certains, imprévus et nouveaux,
Unissant des objets qui paraissaient rivaux,
Montre et fait adopter à la nature mère
Ce qu'elle n'a point fait, mais ce qu'elle a pu faire ;
C'est le fécond pinceau qui, sûr dans ses regards,
Retrouve un seul visage en vingt belles épars,
Les fait renaître ensemble, et, par un art suprême,
Des traits de vingt beautés forme la beauté même.

En d'autres termes, l'invention est l'art de démêler les rapports mystérieux et vraisemblables des choses.

Sur ce point faut-il s'en rapporter exclusivement aux anciens ? Sans doute la nature est toujours la même : elle reste pour nous, comme elle l'a été pour eux, le grand livre de la poésie ; mais depuis tant de siècles écoulés, l'homme n'a-t-il pas appris à la mieux connaître ? D'Homère à Virgile, que de trésors découverts aux poètes par Thalès, Démocrite, Épicure et Platon ! Et de Virgile jusqu'à nous, quel travail plus prodigieux encore, accompli par le génie de Galilée, de Torricelli, de Képler, de Newton et de Buffon ! Que de sciences renouvelées ou créées ! Quelle source infinie pour les vers !

> Quel amas de tableaux, de sublimes images
> Naît de ces grands objets réservés à nos âges !

Et l'on voudrait, alors qu'un monde nouveau s'est révélé à nos yeux, confiner le poète dans l'imitation des vieux auteurs, qui n'ont pas connu toutes ces merveilles !

> Quoi ! faut-il, ne s'armant que de timides voiles,
> N'avoir que ces grands noms, pour Nord et pour
> Les côtoyer sans cesse et, n'oser un instant, [étoiles,
> Seul et loin de tout bord, intrépide et flottant,
> Aller sonder les flancs du plus lointain Nérée
> Et du premier sillon fendre une onde ignorée ?
> Les coutumes d'alors, les sciences, les mœurs
> Respirent dans les vers des antiques auteurs.
> Leur siècle est en dépôt dans leurs nobles volumes.
> Tout a changé pour nous, mœurs, sciences, coutumes.

> Pourquoi donc nous faut-il, par un pénible soin,
> Sans rien voir près de nous, voyant toujours bien loin,
> Vivant dans le passé, laissant ceux qui commencent,
> Sans penser, écrivant après d'autres qui pensent,
> Retraçant un tableau que nos yeux n'ont point vu,
> Dire et dire cent fois ce que nous aurons lu ?...
> Tous les arts sont unis : les sciences humaines
> N'ont pu de leur empire étendre les domaines,
> Sans agrandir aussi la carrière des vers.

Voilà qui est fort bien, mais qui ressemble assez peu à la première manière d'André Chénier. Il ne s'agit plus d'envahir les richesses des anciens, mais bien au contraire de substituer à leur veine, jugée trop maigre, le trésor des idées modernes. C'est à peu près la théorie qu'avait émise, un siècle auparavant, Charles Perrault, au grand scandale de Boileau, de Racine et de La Fontaine. Que disait en effet l'auteur des *Parallèles* ? Que les anciens doivent être considérés comme ayant appartenu à l'enfance de l'humanité, tandis que nous en personnifions l'adolescence ou l'âge mûr ; qu'ils ont fait sans doute pour le mieux, mais que nous les avons de beaucoup dépassés ; que depuis deux et trois mille ans les mœurs ont tellement changé, la somme des idées et des connaissances s'est tellement accrue, qu'il y aurait folie à vouloir s'attarder dans l'imitation des auteurs primitifs ; que le poète doit être de son temps, comme le savant, et, fort du passé, regarder l'avenir. En somme, Perrault, dans la célèbre querelle qui a soulevé tant de colères aux environs de 1687, prétendait que la loi du progrès indéfini, qui régit les sciences, ne s'appli-

quait pas moins aux lettres et aux arts, et qu'il
y avait un accroissement et un perfectionnement
continus dans le domaine de la poésie. André
Chénier ne fait pas autre chose, en recomman-
dant aux poètes de s'affranchir de l'autorité très
insuffisante des anciens, et d'oser chanter des
sujets dignes de notre temps.

> Que la nature seule, en ses vastes miracles,   [cles !
> Soit leur fable et leurs dieux, et ses lois leurs ora-

> Qu'ils se gardent bien de perpétuer avec idolâ-
> trie les grossières erreurs des premiers âges,
> et d'oublier Galilée pour Thalès ou Aristote.

> Que leurs vers, de Téthys respectant le sommeil,
> N'aillent plus dans ses flots rallumer le soleil ;
> De la cour d'Apollon que l'erreur soit bannie,
> Et qu'enfin Calliope, élève d'Uranie,
> Montant sa lyre d'or sur un plus noble ton,
> En langage des dieux fasse parler Newton.

Ainsi dans la vieille querelle, encore vivante à
cette fin du xviiiᵉ siècle, ce sont les modernes qui
semblent triompher avec André Chénier : l'ombre
de Perrault dut être contente de ce noble appel
au progrès. Pourtant il s'en faut de beaucoup
qu'André, en ouvrant des voies nouvelles à la
poésie, ait obéi aux mêmes pensées que l'auteur
des *Parallèles;* il y a même entre eux une différence capitale et comme un infranchissable abîme.
Tandis que l'un n'exalte le génie moderne que
pour mieux déprécier et accabler les vieux maîtres,
devenus d'inutiles et médiocres modèles, l'autre

au contraire trouve le moyen de concilier sa foi
nouvelle avec l'admiration persistante des Grecs et
des Latins; bien plus, il la met sous le patro-
nage même de ces anciens vénérés. Etre moderne
en poésie, c'est faire comme faisaient Lucrèce
et Virgile : c'est donc les imiter que de ne pas s'attacher aveuglément à eux :

> C'est, sans suivre leurs pas, imiter leur exemple,
> Faire, en s'éloignant d'eux avec un soin jaloux [nous !
> Ce qu'eux-même ils feraient s'ils vivaient parmi

D'ailleurs Chénier songe si peu à les renier,
qu'il ne conçoit pas que la poésie soit possible sans
eux. Ils restent, malgré la nouveauté du fond, les
maîtres souverains de la forme, la source toujours
jeune et féconde de l'art. Pensons comme des Français de 1785, mais cherchons à faire des vers
comme les Grecs du temps d'Hésiode et d'Homère.
Car il n'y a pas deux moyens d'être poètes : il faut
pour cela rester à l'école des grands anciens.

> Volons, volons chez eux retrouver leurs modèles !...
>
> . . . .
> Puis, ivres des transports qui nous viennent sur-
> [prendre,
> Parmi nous, dans nos vers, revenons les répandre ;
> Changeons en notre miel leurs plus antiques fleurs ;
> Pour peindre notre idée empruntons leurs couleurs ;
> Allumons nos flambeaux à leurs feux poétiques,
> Sur des pensers nouveaux faisons des vers antiques.

Telle est la célèbre formule, où l'on aurait tort
de voir un principe général, tandis qu'elle est
seulement l'expression d'une théorie particulière.

Car il y a au moins deux André Chénier bien
distincts : celui qui, sur des pensers antiques,
a fait des vers antiques (*Oarystis*, *Aveugle*, *Mendiant*, *Hylas*, etc...), et celui qui, cherchant une voie
nouvelle, adapte la forme antique à des pensers
tout modernes: ce dernier est l'auteur de l'*Hermès*,
de l'*Amérique*, et même jusqu'à un certain point
de *Suzanne*. Le petit poème de l'*Invention*, où il
expose cette théorie, n'est donc pas un *Art poétique*
au même titre que celui de Boileau, il est seulement
l'annonce et la préface de ces Poèmes scientifiques que Chénier ciselait avec amour et considérait comme son grand œuvre.

Réduit à ces exactes proportions, ce précepte
n'en reste pas moins entouré d'une certaine obscurité. Nous savons maintenant ce que l'auteur
entendait par *pensers nouveaux* : c'est la science.
Nous voyons moins clairement ce que signifie
cette prescription de *faire des vers antiques*. André
en a donné lui-même deux explications qui sont
assez loin de s'accorder entre elles.

Dans une curieuse *Epître à M. Bailly* (restée
malheureusement à l'état d'ébauche), où il reproche aux poètes de son temps de ne pas connaître
assez l'astronomie, l'histoire naturelle, les sciences,
et d'être, toute proportion gardée, moins savants
que les anciens, il les conjure de chercher dans
la lecture de ces grands modèles des motifs d'émulation généreuse. « Pendant que, pétrifié d'admiration pour ces grands hommes, je m'arrête à les
considérer, le temps ne s'arrête point... il che-
mine toujours,... mes belles années s'échappent
de mes bras... Admirons la moisson d'autrui,

mais ne manquons pas la nôtre. » Les anciens doivent donc être pour nous le stimulant décisif.

> Le poète......
> Se transporte en esprit dans les races futures
> Et, promenant ses pas sous les bois égarés,
> Des poètes divins relit les vers sacrés.
> Leurs triomphes n'ont point abattu son courage.
> Il mesure leur vol, qui plane d'âge en âge.
> L'ardeur de suivre aussi cet illustre chemin
> Soulève ses cheveux, aiguillonne sa main.
> Il ferme le volume. Il erre, il se tourmente ;
> Des vers tumultueux de sa bouche éloquente
> Roulent.

Il faut donc lire les anciens pour s'enflammer; mais il faut *fermer le volume* au moment où l'on écrit : c'est comme une gymnastique intellectuelle, un entraînement préalable, et rien de plus. Ou bien encore il les faut considérer comme un modèle achevé, dont la simple contemplation doit imprimer à nos œuvres quelques traits de la Beauté idéale. C'est ce qu'a très poétiquement exprimé André Chénier dans cette traduction de quelques vers d'Oppien :

> Comme aux bords d'Eurotas......
> Lorsqu'une épouse est près du terme de Lucine,
> On suspend devant elle, en un riche tableau,
> Ce que l'art de Zeuxis anima de plus beau :
> Apollon et Bacchus, Hyacinthe, Nirée,
> Avec les deux Gémeaux leur sœur tant désirée.
> L'épouse les contemple ; elle nourrit ses yeux
> De ces objets, honneur de la terre et des cieux;
> Et de son flanc, rempli de ces formes nouvelles,
> Sort un fruit noble et beau comme ces beaux modèles.

(Ainsi je veux qu'on imite les anciens.)

Théorie en somme très libérale, où les anciens sont pour les modernes non plus un butin et une proie, mais de purs archétypes de l'éternelle Beauté.

Mais *faire des vers antiques* ne consiste-il qu'en cela ? Il est permis d'en douter, rien qu'à jeter les yeux sur l'*Hermès* et sur les procédés de composition dont l'auteur nous a dans ses notes dévoilé innocemment le secret. On y voit, par exemple, toute une énumération d'« emblèmes antiques dont on peut choisir quelques-uns pour les employer dans *Hermès* ». André les avait colligés dans les *Commentaires de Spanheim sur Callimaque*, et il se réservait de les utiliser dans son poème. Voilà qui ne sent guère la libre imitation préconisée dans l'*Epître à M. Bailly* : le poète ne se contente pas de demander à ses chers anciens l'étincelle sacrée, il leur emprunte jusqu'à des épithètes ou des hémistiches que lui suggère sa trop fidèle mémoire. Dans l'*Invention* même, comme pour donner un démenti à sa théorie, il s'évertue à traduire en vers français maint passage de Virgile et d'Horace. Il remplit lentement sa ruche industrieuse, comme il dit, et il butine de toutes parts sur le Parnasse. Sans doute, c'est en un miel moderne qu'il prétend changer ces fleurs antiques. Mais jusqu'à quel point est-il assuré d'y réussir ? Là est le côté contestable de sa théorie. Si le fond de la poésie ancienne est reconnu comme notoirement insuffisant, la forme pourra-t-elle vraiment satisfaire les exigences modernes ? S'il n'est plus permis de dire en vers que Phœbus sort radieux des bras de Téthys, quel intérêt y a-t-il à continuer à appeler le soleil Phœbus et la mer Téthys ? Que devient le prix de la mythologie antique, si l'on n'en conserve plus que des vocables dépouillés de toute leur signification poétique ? En d'autres termes, est-il possible de faire ainsi deux parts dans la poésie ancienne, la matière et la forme, de renier la première et d'adopter la seconde, comme si elles n'étaient pas étroitement liées pour composer un tout harmonieux ? Ç'a été l'illusion de Chénier de croire qu'il pouvait célébrer Newton dans les mêmes termes qui avaient déjà servi à glorifier Epicure, et chanter la découverte de l'Amérique sur le même ton dont Apollonius avait raconté l'expédition des Argonautes. Cette superstition de la forme antique et des vieux genres classiques est une entrave et une gêne pour l'originalité du fond que recommandait si vivement l'auteur de l'*Invention*.

D'ailleurs, pour créer une forme vraiment nouvelle, il eût fallu que Chénier prît une claire conscience des ressources presque inépuisables de la langue française, et qu'il eût l'audace de lui demander un effort d'expression égal à l'effort d'invention. Mais le temps n'était pas encore venu de cette rénovation verbale de la poésie. Sans doute André chérissait la langue française : il la défendait contre ceux qui l'accusaient de tous les péchés de la poésie, et qui la trouvaient froide et insipide. Eh quoi ! disait-il, ce langage n'a-t-il pas suffi à Lebrun, à Racine, à Despréaux, à Rousseau, à Buffon, à Montesquieu ?

> ....,. Ne sait-il pas, se reposant sur eux,
> Doux, rapide, abondant, magnifique, nerveux,

> Creusant dans les détours de ces âmes profondes,
> S'y teindre, s'y tremper de leurs couleurs fécondes ?

Il n'y a que les sots rimeurs pour se débattre contre les affres du style ; le poète du génie sait trouver d'instinct

> Les tours impétueux, inattendus, nouveaux,
> L'expression de flamme aux magiques tableaux,
> Les nombres tour à tour turbulents ou faciles....

Voilà certes un bel éloge de notre langue nationale ; mais il ne semble pas qu'André l'ait connue autant qu'il l'aimait. Il la considérait d'autre part comme souillée dans sa « pureté latine » par « les affreux accents » du Nord, et comme infectée, malgré tous les efforts des grands écrivains, par « les vestiges d'une rouille barbare ». Elle lui paraissait en somme assez peu poétique :

> ... Ce langage, armé d'obstacles indociles,
> Lutte et ne veut plier que sous des mains habiles.

Il disait que le vrai poète doit s'efforcer contre la langue, et en triompher de haute lutte, « savoir tout craindre et savoir tout tenter ». On sent bien que Chateaubriand et Victor Hugo n'ont pas encore paru. André pressentait l'idée nouvelle, mais il manquait encore de l'instrument nécessaire.

Telles sont les théories de Chénier. Parti de l'imitation stricte des anciens, il se dégage peu à peu de cette contrainte un peu timide, et, tout en restant fidèle à son premier idéal, il cherche à renouveler la matière des vers. S'il n'est pas allé jusqu'à l'affranchissement de la forme, et à la conception d'un art nouveau, il a du moins laissé entendre, à plusieurs reprises, que les anciens n'étaient pas les seuls maîtres, et que le poète devait se mettre aussi à l'école du cœur humain, de la nature et de Dieu.

> Dans ce bel art des vers je n'ai point eu de maîtres,
> Il n'en est point, ami. Les poètes vantés
> Sans cesse avec transport lus, relus, médités,
> Les dieux, l'homme, le ciel, la nature sacrée
> Sans cesse étudiée, admirée, adorée,
> Voilà nos maîtres saints, nos guides éclatants.
>
> . . . .
>
> L'art ne fait que des vers ; le cœur seul est poète.

Comme Boileau, André s'élève avec indignation, dans les *Cyclopes littéraires*, contre ceux qui prostituent leur plume, et ne soutiennent pas la dignité du poète : il croit comme lui que le vers se sent toujours des bassesses du cœur, et que le secret de la poésie ne se trouve pas tant dans les livres que dans l'âme de l'artiste. C'est ainsi que ses plus beaux vers, ceux que nous admirons le plus aujourd'hui, ne sont pas ceux qu'il a ciselés sur les modèles des anciens, mais bien plutôt ceux que lui a dictés la passion pure, par exemple les cris vengeurs des *Iambes*.

La doctrine de Chénier, comme son génie, a sans cesse progressé. Formé à la discipline des grands anciens, qui avaient été les dieux de sa jeunesse, il se promettait bien, quand les forces

lui seraient venues, non pas de les renier jamais,
mais de naviguer seul, sous leur regard bien-
veillant, vers des terres nouvelles : il cherchait
son Amérique, il y touchait peut-être, à l'avant-
veille de Thermidor.

CHAPITRE VII.

L'ANTIQUITÉ.

L'antiquité est partout présente dans l'œuvre d'André Chénier ; mais il est des parties où elle règne seule et sans partage. L'auteur de l'*Hermès* ou de l'*Amérique* était à la recherche de pensers nouveaux qu'il exprimait à la manière antique. L'auteur des βουκολικα se met en moindres frais d'originalité : il se contente des pensers anciens, il s'applique à se faire une âme grecque et latine, à sentir et à respirer comme les contemporains de Théocrite ou de Virgile. Fond et forme, tout y appartient aux anciens, à l'exception de l'idiome qui est français. Poésie non seulement antique, mais presque archéologique, tant le travail de restitution est habile et patient.

Sur ce point comme sur beaucoup d'autres, Chénier a peu innové : il a fait mieux qu'on ne faisait autour de lui, il a eu plus de goût, plus de talent ; mais ce culte de l'antiquité, il ne l'a pas imposé à ses contemporains ; il l'a reçu au contraire de leurs mains. Dès le milieu du xviiie siècle, les esprits s'éprennent d'amour en France pour les choses de la Grèce : le P. Brumoy, avec sa traduction du *Théâtre*, est un de ceux qui avaient donné le signal. C'est l'époque où les érudits vont publier éditions sur traductions, où Brunck donnera son *Anthologie* des poètes alexandrins, où les travaux de Winckelmann commencent à être connus, où le comte de Caylus inaugure son histoire de l'art, où tous les *médaillistes* étudient les chefs-d'œuvre de l'architecture et de la sculpture antiques, où Choiseul-Gouffier et Guys racontent leurs *Voyages en Grèce*, où l'abbé Barthélemy compose son *Jeune Anacharsis*, où Louis David régente la peinture et Écouchard Lebrun, nouveau Pindare, la poésie, où la mode grecque envahit tout, jusqu'à la décoration des appartements et aux élégantes toilettes des Parisiennes. L'hellénisme est partout aux environs de 1782 : la naissance de la critique provoque alors un retour spontané vers les formes de l'art et de la poésie antiques. André Chénier ferme le cycle classique inauguré deux siècles et demi auparavant par Ronsard.

Pour se faire une idée générale de l'hellénisme de Chénier, il suffirait presque de rechercher à quels auteurs il s'est adressé de préférence, quels sont ceux qu'il a choisis pour thèmes favoris de ses imitations. C'est d'abord Homère et quelques autres primitifs, Hésiode, Pindare, Sappho ; mais ce sont encore plus Théocrite, Bion, Callimaque, Moschus, le faux Anacréon, Apollonius, c'est-à-dire toute l'école d'Alexandrie ; ce sont aussi les auteurs de l'Anthologie, Méléagre, Argentarius, Évenus de Paros, Palladas, Christodore, etc. ; des romanciers comme Longus, Héliodore, Théodore Prodrome, etc. ; des savants comme Aratus, Ératosthène, ou Denys le Géographe. Derrière les Grecs, il faut énumérer tous les Latins qui les ont imités, Térence, Lucrèce, Catulle, Virgile, Horace, Ovide surtout, Tibulle et Properce, sans compter les Claudien, les Calpurnius et la foule des *poetæ minores*. Il faudrait citer encore certains modernes, chez lesquels André retrouvait la substance grecque ou latine, Montaigne, Malherbe, Racine, et jusqu'au *bon Suisse* Gessner. D'Homère à Calpurnius il y a loin, et notre goût mieux informé se garde de les confondre dans une commune vénération ; mais pour André Chénier, comme pour Ronsard, toutes les reliques des vieux auteurs sont également sacrées, l'antiquité est un bloc dont il ne faut rien distraire. Boileau dans ses *Réflexions sur Longin* admettait qu'il y avait anciens et anciens, et qu'on devait se garder de confondre Pindare avec Lycophron, Homère avec Nonnus. Chénier ne semble pas faire toutes ces distinctions : il imite aussi pieusement un vers de ce même Nonnus ou une piécette de Méléagre qu'une page de l'*Iliade*. Tous les auteurs lui sont également bons ; il n'en est pas un seul où il ne découvre quelque fleur pour le miel industrieux qu'il compose. Ce goût éclectique a un nom : ce n'est pas l'hellénisme pur, c'est l'alexandrinisme. Si le poète moderne n'a plus à sa disposition l'incomparable bibliothèque des Ptolémées, il en possède une autre presque aussi précieuse, où figurent, avec les restes des vieux auteurs sauvés du feu, les Alexandrins eux-mêmes, et bien des Latins, échappés aux mains des barbares. De toutes ces ruines sacrées renaît un alexandrinisme encore plus raffiné, fondé non seulement sur l'imitation des premiers modèles, mais sur celle des imitateurs eux-mêmes.

Prédominance de l'art et de l'érudition dans la poésie, aux dépens de l'inspiration personnelle et de la libre fantaisie, tel est le signe distinctif de l'école alexandrine : telle est aussi la marque éclatante du talent d'André Chénier : n'importe quelle page de ses œuvres pourrait nous en fournir la claire démonstration. S'il avait vécu davantage, s'il avait pu, comme il l'espérait, éditer lui-même ses vers, peut-être aurait-il réussi, à force d'art, à nous dissimuler l'art même qui présidait à ces petites compositions. Au lieu de cela, surpris par la mort en pleine activité de génie, il nous a laissé une œuvre inachevée, morcelée, mais combien vivante et instructive par sa confusion même ! On pénètre ainsi dans l'officine même du poète, on y découvre les secrets et les procédés ordinairement destinés à rester ignorés du public. Pour ne parler que de ses *Bucoliques*, toutes marquées du signe βουκ. sur ses manuscrits, elles consistent en une centaine de pièces, presque toutes incomplètes : la plupart sont restées à l'état d'ébauches, de canevas souvent informes, tous entrepris à la fois et laissés inachevés. Tantôt les vers sont à moitié faits : l'auteur a laissé en blanc une rime, un mot, un hémistiche rebelles, se réservant de remplir ces vides après coup :

> Reste ici, Pardalis ;... vagabonde,
> Qu'il ne me faille encor, dans la forêt profonde,
> Suivre pour te chercher... la cloche d'argent
> Dont j'ai su te parer.....
> Reste, ma Pardalis. Viens, ma belle génisse.
> Ici croît.. ....' le narcisse.

Tantôt il trace tout un plan de bucolique, avec l'indication des textes à imiter :

Il faut en faire une (une bucolique) sur les Triétériques, en Béotie, et imiter d'une manière bien antique tout ce qu'il y a de bien dans le *Penthée* d'Euripide ; vers 13 : λιπων δε λυδων... (1), etc., ce qu'il chante, au chœur des femmes, au *thiasus*, pour l'exciter, vers 55. Tout le chœur. Toute la scène du bouvier, vers 659. Voir la traduction des vers 693 et suivants, mêlés avec les vers 142 et suivants, édition de Brunck. Horace en a tiré une strophe de l'ode : *Bacchum in remotis.*

L'usage d'immoler un bouc à Bacchus, parce qu'il ronge la vigne. *Rode, caper, vitem*, d'Ovide. Il y a aussi quelque chose dans les épigrammes grecques, je ne me rappelle pas l'endroit.

La biche aux pieds d'airain, Atalante, Méléagre, Hippodamie, Pélops, le sanglier de Calydon, etc.

Ou bien encore des vers ou des expressions à placer, des provisions poétiques toutes prêtes. Voici des formules qui reviennent constamment sous la plume d'André Chénier :

— En commencer une (bucolique) par ces vers...
— En commencer ou en finir une ainsi...

par exemple :

— Il faudra placer quelque part l'éventail fait de plumes de paon.
— Il ne sera pas impossible de parler quelque part de ces mendiants charlatans qui demandaient pour la mère des dieux, et aussi de ceux qui, à Rhodes, men-

(1) André Chénier n'accentuait pas le grec : ce qui lui a valu les reproches de nos hellénistes.

diaient pour la corneille et pour l'hirondelle, et traduire les deux jolies chansons qu'ils disaient en demandant cette aumône, et qu'Athénée a conservées. (I, 8, p. 359.)

Tel est le procédé presque perpétuel de cette poésie, et c'est le poète lui-même qui nous l'a révélé. A vrai dire, si grande qu'ait été sa vénération pour l'antiquité, je doute fort qu'il nous eût spontanément montré tous les dessous laborieux de son art. Ce n'est pas qu'il fît aucunement mystère de ces imitations ; mais il lui eût assurément déplu de mettre au jour tous ces lambeaux éparpillés, de nous faire assister à la fabrication secrète de ces petites pièces qu'il rêvait d'achever un jour et de rendre dignes de leurs modèles. — La publication intégrale des notes d'André Chénier a pu fournir un curieux chapitre d'histoire littéraire ; mais elle a assez peu servi la gloire du poète. On ne se représente pas Victor Hugo ni Lamartine, ni même notre moderne Chénier, je veux dire M. Leconte de l'Isle, faisant ainsi provision de poésie dans les livres, collectionnant des noms propres ou des épithètes, tout comme un naturaliste pique et étiquette des coléoptères. Chaque poète a sans doute, quoi qu'en pense le vulgaire, à côté de sa poétique officielle, une poétique secrète, à son propre usage, faite d'un certain nombre de petits moyens ; mais aucun, j'imagine, n'a jamais dépassé ni même atteint la savante industrie d'André Chénier.

Cela n'empêche pas, malgré tout, l'auteur des *Bucoliques* de se faire illusion à lui-même et de

célébrer l'inspiration poétique en des vers chaleureux, qu'on est un peu étonné de rencontrer
sous sa plume.

> Sous l'insecte vengeur envoyé par Junon,
> Telle Io tourmentée, en l'ardente saison,
> Traverse en vain les bois et la longue campagne,
> Et le fleuve bruyant qui presse la montagne ;
> Tel le bouillant poète, en ses transports brûlants,
> Le front échevelé, les yeux étincelants,
> S'agite, se débat, cherche en d'épais bocages
> S'il pourra de sa tête apaiser les orages
> Et secouer le dieu qui fatigue son sein.
> De sa bouche à grands flots ce dieu, dont il est plein,
> Bientôt en vers nombreux s'exhale et se déchaîne :
> Leur sublime torrent roule, saisit, entraîne.

Belle comparaison, qui forme par avance un
digne pendant au *Mazeppa* de Hugo ou au *Ganymède* de Lamartine : avec cette différence cependant, que le dieu qui fatigue ici le sein du poète
n'est pas Apollon en personne, mais bien plutôt
Virgile, au vi^e livre de l'*Enéide*, dans le célèbre
passage de la Sibylle de Cumes. Ce souffle irrésistible et vainqueur, André le sentira passer un
jour sur ses lèvres, quand il sera à Saint-Lazare,
« le cœur gros de haine, affamé de justice ». Mais
n'en cherchons pas la trace dans les *Bucoliques* ;
l'art seul y règne, l'art patient et raffiné du dernier des Alexandrins.

Les défauts d'une pareille œuvre éclatent à
tous les yeux. Depuis que la critique moderne a
rendu à Chénier le douteux service de signaler
pieusement chacune de ses imitations, l'auteur
des *Bucoliques* nous apparaît surtout comme un

André Chénier, à 30 ans

d'après Jean-Baptiste Mallet.

Reproduction du Musée de Carcassonne.

habile mosaïste, expert dans l'art de joindre les
éléments les plus divers : nous rendons hommage
à sa prestigieuse adresse bien plus qu'à l'originalité de son génie. Ces *coutures invisibles*, dont il
était si fier, sont maintenant trop visibles et
paraissent constituer le fond le plus clair de
cette poésie : l'estime que nous avons pour cette
noble tentative en est diminuée d'autant. Et, de
fait, cette poésie aura toujours le grave incon-
vénient de n'être pas populaire, et d'être obscure
même pour les lettrés. Il est impossible de lire
deux pages des *Bucoliques*, sans être obligé de
recourir à un dictionnaire biographique, mytho-
logique et géographique de la Grèce ou du Latium.
Feu Boissonnade lui-même aurait eu peine à se
reconnaître au milieu de ces noms propres et
de ces périphrases déconcertantes. Certains vers
ressemblent, par leur érudition compliquée,
à de véritables logogriphes. Pour comprendre,
par exemple, ce simple vers de la *Jeune Locrienne* :

Le muet de Samos qu'admire Métaponte,

il faut avoir lu Jamblique, *Pyth.* II, XVII et XXXV,
et même, si possible, Apulée, *Flor.* XV, et Valère
Maxime, VIII, 7. Nous saurons alors qu'il s'agit de
Pythagore, qui imposait le silence à ses disciples
(mais était-il muet pour cela ?), de Pythagore
enfin qui mourut à Métaponte, au milieu de la
vénération des habitants du lieu. De pareils vers
ne sont pas du tout une exception dans l'œuvre
d'André Chénier : quatre lignes après celle où il

est question du *muet de Samos*, l'auteur nous parlera d'un *berger sacré que Minerve autrefois daignait former en songe à donner des lois aux Locriens.* Je renvoie le lecteur à M. Becq de Fouquières, qui lui expliquera la chose d'après Jamblique, Plutarque, Clément d'Alexandrie, Strabon, Athénée et Diodore. Au prix de pareils casse-têtes, les *Moires* et les *Kères* de M. Leconte de l'Isle ne sont qu'un pur jeu d'enfant. Toute notre admiration pour l'hellénisme de Chénier viendra toujours échouer devant cet écueil rebutant. Poésie antique, soit; mais on est tenté d'ajouter : poésie d'antiquaire.

Ce défaut qui, en somme, n'est pas banal, et que les zélés partisans d'André Chénier qualifient sans doute de très heureux défaut, ne doit point fermer nos yeux au grand mérite de ces petits poèmes. Le trop-plein d'érudition y est souvent corrigé par beaucoup d'art et beaucoup de goût. Si l'on peut reprocher à l'auteur d'avoir mis au pillage l'antiquité tout entière depuis Homère jusqu'à Nonnus, il faut, en revanche, reconnaître que, s'il n'a pas assez distingué entre ces auteurs si divers, il a du moins su choisir dans leurs œuvres ; il a su, dans le vaste champ qui s'offrait à lui, discerner le bon grain de l'ivraie, et, pour employer une comparaison qui lui est chère, faire un bouquet des plus belles fleurs. Les fleurs ne sont pas à lui ; mais à lui revient l'honneur de les avoir cueillies et de les avoir habilement arrangées : le bouquet est bien son œuvre. Chez lui, les éléments un peu disparates de la poésie grecque et de la poésie latine sont fondus aussi étroitement que possible, et forment

un tout harmonieux. Virgile a excellé dans cet art
de nuances et de demi-teintes : André Chénier est
en cela le disciple de Virgile, même quand il imite
Homère. Il a réussi, à force d'application et de
goût, à faire revivre les choses mortes, à ranimer
l'âme des vieux auteurs, à retrouver en plein
XVIIIe siècle le sens de la plastique et de l'harmonie anciennes, à faire une œuvre sans doute artifi-
cielle, mais, en somme, très belle et très pure, qui
ne sera jamais populaire, et que peu de lecteurs
sauront apprécier à son juste prix, mais qui
témoigne d'un effort très noble et très désintéressé
vers l'idéal antique. Ce sont comme les tendres et
touchants adieux de la muse française à la poésie
purement classique inaugurée par Ronsard et qui
ne suffisait déjà plus aux aspirations du public. A
ce titre, les *Bucoliques* de Chénier marquent une
date importante dans l'histoire de la poésie
française.

On peut les diviser en deux groupes, comprenant, l'un les tableaux héroïques ou mythologiques, l'autre les tableaux de genre.

A la première de ces deux catégories appartiennent l'*Aveugle*, le *Mendiant*, qui sont de vrais
petits poèmes dans le genre héroïque et pastoral
de l'ancienne épopée, et aussi d'autres pièces
plus courtes, comme *Hylas*, *Bacchus*, *Hercule*,
Pasiphaé, qui présentent en raccourci des scènes
mythologiques ; parfois ce sont de simples esquisses en quelques vers, des *épigrammes*, dans
le sens premier du mot, comme le morceau
intitulé : *Sur un groupe de Jupiter et d'Europe*.

De ces *Bucoliques* la plus célèbre, et, en même

temps, la plus belle, est sans contredit l'*Aveugle* :
elle est une des très rares pièces que l'auteur
a eu le temps d'achever à loisir : c'est sur elle
qu'il convient, plus que sur tout autre, de juger
le talent du poète.

Chénier s'est à la fois inspiré d'une *Vie d'Homère*
faussement attribuée à Hérodote, des *Hymnes
homériques* (notamment de l'*Hymne à Apollon*), des
premières scènes d'*OEdipe à Colone* de Sophocle,
et aussi du VIe chant de l'*Odyssée*, où est racontée
l'arrivée d'Ulysse dans l'île des Phéaciens. Voilà
pour la fable ; mais pour les détails le nombre
des emprunts faits aux anciens est presque infini ;
M. Becq de Fouquières en a relevé une bonne
partie, sans en avoir épuisé la liste. Homère,
Virgile et Ovide sont les modèles préférés et
presque sans cesse imités ; une foule de vers
de l'*Iliade*, de l'*Odyssée*, des *Eglogues*, des *Géorgiques* et des *Métamorphoses* ont passé sans peine,
et sans trop perdre de leur beauté native, dans
la trame flexible du poème français.

Tout le début est d'une facture large et simple :
il est empreint d'un caractère de sérénité et de
majesté, que rehausse encore le charme souverain de l'harmonie. Un Victor Hugo écrira, sans
doute, des vers plus éclatants et plus forts ; mais
nul n'en a jamais écrit, je crois, d'une forme plus
mélodieusement pure que ceux-ci :

> « Dieu dont l'arc est d'argent, dieu de Claros, écoute
> O Sminthée-Apollon, je périrai sans doute,
> Si tu ne sers de guide à cet aveugle errant. »
> C'est ainsi qu'achevait l'aveugle en soupirant

Et près des bois marchait, faible, et sur une pierre
S'asseyait. Trois pasteurs, enfants de cette terre,
Le suivaient, accourus aux abois turbulents
Des molosses, gardiens de leurs troupeaux bêlants.
Ils avaient, retenant leur fureur indiscrète,
Protégé du vieillard la faiblesse inquiète ;
Ils l'écoutaient de loin ; et, s'approchant de lui :
« Quel est ce vieillard blanc, aveugle et sans appui ?
Serait-ce un habitant de l'empire céleste ?
Ses traits sont grands et fiers ; de sa ceinture agreste
Pend une lyre informe, et les sons de sa voix
Emeuvent l'air, et l'onde, et le ciel, et les bois. »

Mais il entend leurs pas, prête l'oreille, espère,
Se trouble et tend déjà les mains à la prière.
« Ne crains point, disent-ils, malheureux étranger
(Si plutôt, sous un corps terrestre et passager,
Tu n'es point quelque dieu protecteur de la Grèce,
Tant une grâce auguste ennoblit ta vieillesse !) ;
Si tu n'es qu'un mortel, vieillard infortuné,
Les humains près de qui les flots t'ont amené
Aux mortels malheureux n'apportent point d'injures.
Les destins n'ont jamais de faveurs qui soient pures.
Ta voix noble et touchante est un bienfait des dieux ;
Mais aux clartés du jour ils ont fermé tes yeux.

— Enfants, car votre voix est enfantine et tendre,
Vos discours sont prudents plus qu'on n'eût dû l'at-
                    [tendre ;
Mais, toujours soupçonneux, l'indigent étranger
Croit qu'on rit de ses maux et qu'on veut l'outrager.
Ne me comparez point à la troupe immortelle :
Ces rides, ces cheveux, cette nuit éternelle,
Voyez, est-ce le front d'un habitant des cieux ?
Je ne suis qu'un mortel, un des plus malheureux !
Si vous en savez un pauvre, errant, misérable,
C'est à celui-là seul que je suis comparable ;
Et pourtant je n'ai point, comme fit Thamyris,
Des chansons à Phœbus voulu ravir le prix ;

Ni, livré comme Œdipe à la noire Euménide,
Je n'ai puni sur moi l'inceste parricide ;
Mais les dieux tout-puissants gardaient à mon déclin
Les ténèbres, l exil, l'indigence et la faim.

— Prends, et puisse bientôt changer ta destinée ! »
Disent-ils. Et, tirant ce que, pour leur journée,
Tient la peau d'une chèvre aux crins noirs et luisants,
Ils versent à l'envi, sur ses genoux pesants,
Le pain de pur froment, les olives huileuses,
Le fromage et l'amande, et les figues mielleuses,
Et du pain à son chien entre ses pieds gisant,
Tout hors d'haleine encore humide et languissant,
Qui, malgré les rameurs, se lançant à la nage,
L'avait loin du vaisseau rejoint sur le rivage.

L'aveugle raconte que des marchands de Symé l'avaient pris avec eux, comme il désirait passer de Carie en Grèce, pour chercher une plus douce patrie.

Mais pauvre et n'ayant rien pour payer mon pas-
Ils m'ont, je ne sais où, jeté sur le rivage.   [sage,

Les jeunes bergers accueillent le naufragé, le consolent, et veulent l'emmener à la ville. Là un siège aux clous d'argent lui sera réservé dans les festins ; là les mets choisis, le miel et les bons vins lui feront oublier la mémoire des maux passés ; là il pourra chanter librement en s'accompagnant sur une lyre d'ivoire. Mais quelle est cette île inconnue où les habitants reçoivent si généreusement le pauvre rhapsode errant ? C'est Syros, la belle Syros, deux fois hospitalière, sur les bords heureux de laquelle le vieillard est déjà venu jadis ; il la salue avec une pieuse

émotion, et, chemin faisant, pour remercier ses
hôtes, il leur dit, dans le langage des dieux, une
de ces « chansons vagabondes » où les anciens
aèdes célébraient la terre et les cieux, et « enchaî-
naient de tout les semences fécondes »; il leur
chante les guerres et les amours des immortels,
les pièges de Vénus, l'imprudence du triste Aédon,
les noces de Pirithoüs et d'Epidamie, et le san-
glant combat des Lapithes et des Centaures.

> Ainsi le grand vieillard en images hardies
> Déployait le tissu des saintes mélodies.
> Les trois enfants, émus à son auguste aspect,
> Admiraient d'un regard de joie et de respect
> De sa bouche abonder les paroles divines,
> Comme en hiver la neige au sommet des collines.
> Et partout accourus, dansant sur le chemin,
> Hommes, femmes, enfants, les rameaux à la main,
> Et vierges et guerriers, jeunes fleurs de la ville,
> Chantaient : « Viens dans nos murs, viens habiter
> [notre île ;
> Viens, prophète éloquent, aveugle harmonieux,
> Convive du nectar, disciple aimé des dieux ;
> Des jeux, tous les cinq ans, rendront saint et prospère
> Le jour où nous avons reçu le grand Homère. »

Dans cette savante et nombreuse poésie il
y a bien un peu d'artifice, et l'on est tenté
de souscrire, en partie du moins, au sévère
jugement qu'en a porté François Ponsard :
« Assurément Chénier a été aimé de là muse
antique : il est gracieux, il est doux, poétique,
sonore ; mais il n'est pas simple. On entend dans
ses cadences un écho harmonieux de Virgile ; l'é-
légance latine a passé par là, et la rudesse homé-
rique a presque disparu. » Pourtant que sert-il

de reprocher à Chénier de n'avoir pas égalé Homère, et de n'avoir pas su mieux l'imiter que n'ont fait Virgile ou Ovide ? La faute n'est pas bien grave ; et, si, à tout prendre, Ponsard a mieux compris que Chénier la rude simplicité de l'*Iliade*, lequel des deux, en définitive, a le mieux honoré le grand aveugle ? celui qui lui a consacré les beaux vers qu'on vient de lire ? ou bien celui qui n'a su composer, pour le glorifier, que le méchant poème d'*Homère*, et la médiocre tragédie d'*Ulysse* ?

A côté de ces pièces, où la religion et la légende grecques fournissent le fond, s'en trouvent beaucoup d'autres moins austères, imitées de Théocrite, de Callimaque, de Méléagre, où l'antiquité ne sert plus que de cadre à un sujet purement humain. Les sentiments qui y sont exprimés ont encore été empruntés aux vieux auteurs, mais ils ont pu être ressentis par nous-mêmes : cette poésie, malgré son extérieur archaïque, est, au fond, très moderne, et elle correspond certainement à l'état d'esprit des contemporains de Chénier. On peut ranger dans cette catégorie toutes les pièces mi-pastorales, mi-amoureuses, vraies *idylles* au sens premier du mot (εἰδύλλια), c'est-à-dire petits tableaux de genre, chers aux poètes de l'Ecole alexandrine et de l'Anthologie.

La plus importante de ces pièces, la plus achevée, la plus charmante peut-être est celle que tout le monde connaît sous le titre du *Jeune malade* et que Chénier a nommée plus simplement *Le Malade*. Une mère éplorée veille au chevet de son fils, de son unique enfant, qui va mourir, rongé

par un mal inconnu. Elle supplie Apollon, dieu
sauveur, de rendre la vie au jeune homme ; elle
adjure le malade de consentir à vivre, et de lui
confier le chagrin auquel il succombe. Le poète a
rendu avec beaucoup d'émotion ce cri de tendresse maternelle, et il a fait trêve un instant à
l'abondance de ses souvenirs classiques pour ne
laisser parler que son cœur :

> Apollon, dieu sauveur, dieu des savants mystères,
> Dieu de la vie, et dieu des plantes salutaires,
> Dieu vainqueur de Python, dieu jeune et triomphant,
> Prends pitié de mon fils, de mon unique enfant !
> Prends pitié de sa mère aux larmes condamnée,
> Qui ne vit que pour lui, qui meurt abandonnée,
> Qui n'a pas dû rester pour voir mourir son fils ;
> Dieu jeune, viens aider sa jeunesse. Assoupis,
> Assoupis dans son sein cette fièvre brûlante
> Qui dévore la fleur de sa vie innocente...
>
> Eh bien ! mon fils, es-tu toujours impitoyable ?
> Ton funeste silence est-il inexorable ?
> Enfant, tu veux mourir ? Tu veux, dans ses vieux ans,
> Laisser ta mère seule avec ses cheveux blancs ?
> Tu veux que ce soit moi qui ferme ta paupière ?
> Que j'unisse ta cendre à celle de ton père ?
> C'est toi qui me devais ces soins religieux,
> Et ma tombe attendait tes pleurs et tes adieux.
> Parle, parle, mon fils, quel chagrin te consume ?
> Les maux qu'on dissimule en ont plus d'amertume.
>
> — Ma mère, adieu ; je meurs, et tu n'as plus de fils.
> Non, tu n'as plus de fils, ma mère bien-aimée.
> Je te perds. Une plaie ardente, envenimée,
> Me ronge ; avec effort je respire, et je crois
> Chaque fois respirer pour la dernière fois.
> Je ne parlerai pas. Adieu ; ce lit me blesse ;
> Ce tapis qui me couvre accable ma faiblesse,

A. CHÉNIER.

6

Tout me pèse et me lasse. Aide-moi, je me meurs.
Tourne-moi sur le flanc. Ah ! j'expire ! ô douleurs !

— Tiens, mon unique enfant, mon fils, prends ce
[breuvage :
Sa chaleur te rendra ta force et ton courage.
La mauve, le dictame ont, avec les pavots,
Mêlé leurs sucs puissants qui donnent le repos ..
Prends, mon fils, laisse-toi fléchir à ma prière ;
C'est ta mère, ta vieille inconsolable mère,
Qui pleure ; qui jadis te guidait pas à pas,
T'asseyait sur son sein, te portait dans ses bras ;
Que tu disais aimer, qui t'apprit à le dire ;
Qui chantait, et souvent te forçait à sourire
Lorsque tes jeunes dents, par de vives douleurs,
De tes yeux enfantins faisaient couler des pleurs.
Tiens, presse de ta lèvre, hélas ! pâle et glacée,
Par qui cette mamelle était jadis pressée ;
Que ce suc te nourrisse et vienne à ton secours,
Comme autrefois mon lait nourrit tes premiers jours.
Ah ! mon fils, c'est l'amour, c'est l'amour insensé
Qui t'a jusqu'à ce point cruellement blessé ?

La mère a fini par arracher au fils son fatal
secret :

Ah ! mon malheureux fils ! Oui, faibles que nous
[sommes,
C'est toujours cet amour qui tourmente les hommes.
S'ils pleurent en secret, qui lira dans leur cœur
Verra que c'est toujours cet amour en fureur !

Il aime une belle vierge qu'il a vue danser aux
bords de l'Erymanthe. Elle est fière, inflexible :
il ne faut pas qu'elle sache... ! Et pourtant !

Mais, ô mort ! ô tourment ! ô mère bien-aimée !
Tu vois dans quels ennuis dépérissent mes jours.

Ma mère bien-aimée, ah ! viens à mon secours.
Je meurs ; va la trouver : que tes traits, que ton âge,
De sa mère à ses yeux offrent la sainte image.
Tiens, prends cette corbeille et nos fruits les plus
                                        [beaux,
Prends notre Amour d'ivoire, honneur de ces ha-
Prends la coupe d'onyx à Corinthe ravie,   [meaux,
Prends mes jeunes chevreaux, prends mon cœur,
                                        [prends ma vie,
Jette tout à ses pieds : apprends-lui qui je suis ;
Dis-lui que je me meurs, que tu n'as plus de fils.
Tombe aux pieds du vieillard, gémis, implore, presse ;
Adjure cieux et mers, dieu, temple autel, déesse ;
Pars ; et si tu reviens sans les avoir fléchis,
Adieu, ma mère, adieu, tu n'auras plus de fils !

Le poète exprime éloquemment dans ces vers
un sentiment éternellement vrai, et qui, depuis
qu'il y a des hommes, a déjà torturé bien des
cœurs : l'angoisse d'une jeune âme, en proie à un
amour fort comme la mort, et en même temps
l'invincible espoir qui sommeille au milieu même
des plus cruelles souffrances. Dans la bucolique
de Chénier il y a par endroits des accents dignes
de Musset.

La conclusion paraît cependant gâter un peu
l'ensemble de ce petit poème. La mère s'en va,
courbée sur un bâton, et bientôt elle revient
triomphante, suivie du vieillard et de Daphné :

Le vieillard la suivait le sourire à la bouche ;
La jeune belle aussi, rouge et le front baissé,
Vient, jette sur le lit un coup d'œil...

Tout se termine le plus galamment du monde :
le « malade » épouse « la belle », comme à la fin

d'une comédie. Il semble que la gravité et l'émotion de toute l'œuvre annonçaient un autre dénouement. On a souvent comparé cette pièce de Chénier à l'admirable troisième scène du premier acte de *Phèdre*, où la reine languissante se laisse arracher par la nourrice son terrible aveu, et la supplie d'aller trouver Hippolyte. La ressemblance est réelle, et il y a entre les deux poètes comme une émulation de beaux vers. Pourtant l'impression dernière que laisse la lecture de Chénier est plus molle : on sent poindre, vers la fin de la pièce, un peu de galanterie et même de sensiblerie. Ce petit drame, malgré les grandes beautés qu'il renferme, a comme un air de roman. On sent bien que l'auteur ne s'est pas borné à s'inspirer de Racine, mais qu'il a puisé aussi à une source moins pure : le *Malade*, ainsi qu'on l'a récemment découvert, est imité d'un épisode du petit roman grec intitulé *Aventures de Rhodante et de Cosiclès*, dont l'auteur est Théodore Prodrome, un Alexandrin.

Pour la suavité de l'accent, pour la grâce mélancolique et un peu languissante du vers, rien n'égale la petite pièce si connue, la *Jeune Tarentine*, où Chénier, à l'imitation de plusieurs épigrammes de l'Anthologie, déplore la fin prématurée d'une vierge ravie par les flots : vers délicieux, dont la pénétrante douceur ne peut être surpassée :

> Pleurez, doux alcyons, ô vous, oiseaux sacrés,
> Oiseaux chers à Téthys, doux alcyons pleurez !
> Elle a vécu Myrto la jeune Tarentine !
> Un vaisseau la portait aux bords de Camarine :

Là, l'hymen, les chansons, les flûtes lentement
Devaient la reconduire au seuil de son amant.
Une clef vigilante a, pour cette journée,
Sous le cèdre enfermé sa robe d'hyménée
Et l'or dont au festin ses bras seront parés,
Et pour ses blonds cheveux les parfums préparés.
Mais, seule sur la proue, invoquant les étoiles,
Le vent impétueux, qui soufflait dans ses voiles,
L'enveloppe : étonnée, et loin des matelots,
Elle tombe, elle crie, elle est au sein des flots.
Elle est au sein des flots, la jeune Tarentine !
Son beau corps a roulé sous la vague marine.
Téthys, les yeux en pleurs, dans le creux d'un rocher,
Aux monstres dévorants eut soin de la cacher.
Par son ordre bientôt les belles Néréides
S'élèvent au-dessus des demeures humides,
Le poussent au rivage, et dans ce monument
L'ont au cap du Zéphyr déposé mollement ;
Et de loin, à grand cris appelant leurs compagnes,
Et les nymphes des bois, des sources, des montagnes,
Toutes, frappant leur sein et traînant un long deuil,
Répétèrent, hélas ! autour de son cercueil :
« Hélas ! chez ton amant tu n'es point ramenée,
Tu n'as point revêtu ta robe d'hyménée,
L'or autour de tes bras n'a point serré de nœuds,
Et le bandeau d'hymen n'orna point tes cheveux ! »

Vierges moissonnées dans leur printemps au seuil même du temple d'Hyménée, jeunes amantes enlevées à la tendresse d'un époux ou pleurant la perte de celui qui leur fut cher, Chénier a excellé dans ces attendrissantes et mélancoliques peintures où se complaisait l'âme sensible des contemporains de Bernardin de Saint-Pierre. *Paul et Virginie* et la *Jeune Captive* sont nées de cette même inspiration. Dans les *Bucoliques* même, outre *Myrto*, c'est le sujet d'*Amymone*, de *Néère*, et de cette pièce moins connue, sans doute parce qu'elle est inachevée, qui s'appelle *Clytie*, et qui est une des œuvres les plus charmantes de l'auteur.

Un voyageur, en passant sur un chemin, entend des pleurs et des gémissements. Il s'avance : il voit au bord d'un ruisseau une femme échevelée, tout en pleurs, assise sur un tombeau, et proférant cette plainte désespérée :

Ah ! tu ne m'entends point. Vois, reconnais ce sein.
Vois, j'embrasse ton urne et je te parle en vain.
Mes soupirs et mes pleurs d'une paupière aimée
Ne peuvent réchauffer ta cendre inanimée.
Portes d'enfer, cessez de me le retenir !
Une heure, un seul instant, laissez-le revenir,
La nuit, voir cette couche, hélas ! qui fut la sienne !
Que je n'embrasse plus l'ombre invisible et vaine !
Qu'un instant je le voie ! ah ! tu n'es plus à moi,
Et l'éternelle nuit me sépare de toi,
Et je suis seule au monde ! ô déités jalouses !
O dieux ! dieux de la mort, ennemis des épouses,
Que vous avais-je fait ? A peine étais-je à lui !
Trois mois coulaient à peine ! ô solitaire ennui !
O tombe, ouvre tes bras à la veuve expirante !
Eh ! puisqu'il ne vit plus, comment suis-je vivante ?

Elle s'enfuit à l'approche du voyageur, qui lit sur la tombe cette épitaphe :

MES MANES A CLYTIE : « Adieu, Clytie, adieu.
Est-ce toi dont les pas ont visité ce lieu ?
Parle, est-ce toi, Clytie, ou dois-je attendre encore ?
Ah ! si tu ne viens pas seule ici, chaque aurore,
Rêver au peu de jours où je vivais pour toi,
Voir cette ombre qui t'aime et parler avec moi,
D'Élysée à mon cœur la paix devient amère,

Et la terre à mes os ne sera plus légère.
Chaque fois qu'en ces lieux un air frais du matin
Vient caresser ta bouche et voler sur ton sein,
Pleure, pleure, c'est moi ; pleure, fille adorée ;
C'est mon âme qui fuit sa demeure sacrée,
Et sur ta bouche encor aime à se reposer.
Pleure, ouvre-lui tes bras, et rends-lui son baiser. »

Alors il répand pieusement des fleurs et des rameaux sur la tombe, il remonte à cheval, et s'en va mélancolique et la tête baissée ; il s'en va

Pensant à son épouse et craignant de mourir.

Il faut faire meilleur marché, à mon avis, des autres *Bucoliques* de Chénier. Malgré des détails heureux et le charme harmonieux de bien des vers, on y rencontre deux défauts, qu'on pouvait apercevoir déjà dans les meilleures pièces du recueil, et qui apparaissent trop clairement dans les autres : l'érotisme et la mignardise.

Sur le premier de ces deux points, il faut bien se garder d'exagérer la chose : rien ne serait plus injuste que de confondre André Chénier avec les licencieux poètes de l'époque, et de méconnaître la pureté relative de sa poésie. Mais il n'est pas pour rien un homme du XVIIIe siècle ; il aime un peu trop, dans l'antiquité, ce qui plaisait aux Parny et aux Bertin de son temps, c'est-à-dire un certain dilettantisme malsain dans la peinture de la passion. Il avait étudié de très près les romans grecs, notamment *Daphnis et Chloé* dont il a laissé un résumé. Il traduit, excellemment d'ailleurs, l'*Oarystis* de Théocrite, dont la saveur libertine a séduit plus d'un poète de son temps, notamment le pindarique Lebrun. Il se plaît à décrire, en vers très chastes, il est vrai, des situations équivoques, comme dans *Lydé*, des tendresses raffinées, comme dans *Arcas et Palémon*. Oh ! sans doute, André avait le cœur trop haut pour s'adresser aux pires modèles que nous offre sur cette matière l'antiquité ou pour s'abaisser aux grivoises peintures des romanciers à la mode ; mais, en vrai fils de Rousseau, il pousse trop loin le culte dangereux de la sensibilité : il voit partout la nature, la bonne et saine nature, jusque dans certaines perversions très peu naïves. Ici encore son goût pour l'antique semble avoir été en défaut : entre Didon et Chloé, c'est Chloé, j'en ai peur, qu'il préfère.

Du reste, on peut reprocher généralement à Chénier d'avoir, en dépit de son ardent amour pour les Grecs et les Latins, rapetissé l'idéal antique au niveau des esprits de 1782 ; quand il croit nous rendre Homère, c'est Théocrite qu'il nous donne ; il préfère l'élégant au simple, le tendre au passionné, le joli au beau. Encore s'il s'était toujours tenu à Théocrite ! Mais un de ses maîtres de prédilection, qui en a gâté bien d'autres avec lui, c'est Gessner, « le bon Suisse », comme il l'appelle, le poète des *Idylles* et de la *Mort d'Abel*. Gessner aussi a eu la prétention d'imiter Théocrite ; et Chénier, en l'imitant à son tour, croit rester fidèle à ses chers anciens. Cette fâcheuse influence semble avoir été toujours en grandissant : une bonne partie des *Bucoliques*, en particulier, presque toutes celles dont le

poète a tracé seulement un canevas, c'est-à-dire
les dernières par la date, sont conçues dans le goût
mignard et affecté du grand homme de Zürich. On
y rencontre encore nombre de bien jolis vers,
comme ceux-ci dont Alfred de Musset a fait la fortune, appliqués à deux colombes qui se caressent :

> Sous leur tête mobile un cou blanc, délicat,
> Se plie, et de la neige effacerait l'éclat.

Mais rien que par les sujets traités on reconnaît
facilement la préoccupation toujours croissante
de l'esprit et de la grâce, aux dépens du naturel.
C'est ainsi que les fleurs, les colombes, les serins,
les cigales, les sauterelles, les vers luisants, les
petits enfants surtout, ont un rôle toujours de plus
en plus grand à mesure qu'on avance dans les fragments inachevés de Chénier. Dans *Pannychis*,
il essaie de peindre le premier éveil d'un innocent
amour chez des enfants de cinq ans. Au prix de
quelles gentillesses y parvient-il ? En mettant
dans la bouche du petit garçon la déclaration que
le cyclope Polyphème adresse à Galatée chez
Ovide ! On pourrait multiplier les exemples, et
trouver dans les *Bucoliques* de Chénier bien d'autres
marques de son goût pour les élégances mièvres
et sentimentales. Où est l'hellénisme en tout cela ?

Il faut donc bien en rabattre de la vieille légende
qui représente André Chénier comme s'étant
nourri des sucs les plus purs de l'antiquité, et
comme étant parvenu à reproduire, par un prodige de goût, la noble simplicité d'Homère et
l'exquise sensibilité de Virgile. La vérité est que
Chénier a adoré tous les anciens, sans en excepter

6*

aucun, et bon nombre aussi parmi les modernes, qu'il s'est abreuvé à toutes les sources qu'il a rencontrées sur le Parnasse, qu'il a passé d'Homère à Théocrite, à Callimaque, à Longus, à Ovide, à Gessner même, avec un égal ravissement, et que, s'il en a préféré quelques-uns, ce sont surtout les Alexandrins et les Latins, en qui il retrouvait les qualités d'esprit, d'élégance raffinée, de tendresse ingénieuse, qui étaient au fond de lui-même et qui plaisaient le plus à son temps. Il n'a donc pas été un ancien, il a été, ce qui est bien différent, un bon élève des anciens en même temps qu'il est resté un fils reconnaissant du xviiie siècle. Mais, dans ce labeur de l'imitation antique, il a dépensé tant de génie poétique, tant de science consommée du rythme et du nombre, et parfois aussi tant de fraîcheur et tant de sincérité d'expression, qu'il a pu faire illusion à beaucoup sur le caractère artificiel de son œuvre. Et c'est là proprement son triomphe d'avoir pu ainsi être confondu, même à tort, avec ces grands anciens qu'il aimait tant.

CHAPITRE VIII.

LA SCIENCE ET LA PHILOSOPHIE.

Dans le poème de l'*Invention*, André Chénier revient à plusieurs reprises sur cette idée, qu'il faut rajeunir la matière des vers, et proposer des pensers nouveaux à l'industrie des poètes. Ces pensers nouveaux ne sont autre chose que les éléments les plus généraux des sciences et de la philosophie. Alors que le cœur humain n'a guère changé depuis Homère et Virgile, et que nos passions s'agitent toujours dans le même cercle immuable de misères et de joies, la somme des connaissances humaines s'est, au contraire, incessamment accrue : mœurs, coutumes, religions, philosophie, sciences ont marché d'un pas constant dans la voie du progrès. En une semblable matière, il ne s'agit plus d'imiter, ni de répéter ce qu'ont déjà dit les Grecs et les Latins ; il faut faire ce qu'ils faisaient eux-mêmes, et ce qu'ils feraient encore aujourd'hui ; il faut être l'interprète des idées de l'époque. Ce qu'a fait Eratosthène au temps des Alexandrins, Lucrèce au premier siècle avant J.-C., André Chénier veut le tenter à son tour dans le siècle de l'Encyclopédie.

Aucune époque ne s'y prêtait mieux que ce grand XVIIIe siècle, si profondément imbu de l'esprit philosophique et de l'esprit scientifique. Cela ne veut pas dire qu'il n'y ait pas eu de philosophie ni de science durant l'âge précédent ; mais science et philosophie consistaient alors surtout en des spéculations métaphysiques et géométriques, extérieures à la vie pratique, et complètement indépendantes de certains principes immuables auxquels personne n'osait rien changer. Descartes a beau, par son exemple, ruiner l'autorité en matière de philosophie, il se défend néanmoins de vouloir rien modifier aux croyances et aux mœurs de son pays. Ce n'est que plus tard que l'on s'avisera d'appliquer à la politique, à la religion et aux sciences la rigoureuse méthode annoncée dès 1637 ; c'est seulement au XVIIIe siècle que le cartésianisme porte tous ses fruits, et que se développe l'esprit d'examen, qui remet en question toutes les notions acquises, qui veut tout expliquer, tout contrôler, tout ébranler même, à la lumière de la raison, ou plutôt avec l'outil dangereux du raisonnement. C'est alors qu'aux dogmes révélés on substitue une autre Bible toute nouvelle, la Bible de la nature, dont les lois souveraines régissent l'univers entier depuis le monde des étoiles et des planètes, jusqu'à l'organisme du plus petit des insectes. Ces lois suffisent, croit-on, à rendre compte de tous les prétendus mystères ; les sciences expérimentales, jusqu'alors à peine connues, prennent à partir de ce moment un prodigieux essor ; la physique est renouvelée par les découvertes de

Francklin et de Volta, la botanique est enfin organisée avec Linné et de Jussieu, la géographie est agrandie par les voyages de Cook et de Lapérouse; enfin l'humanité confiante vogue à pleines voiles à la conquête de la vérité et du bonheur. Elle croit presque y toucher déjà, et elle condense dans une œuvre monumentale ce magnifique effort de la raison affranchie; cette œuvre, c'est l'Encyclopédie. L'Encyclopédie eut sa légion de savants et de philosophes qui apportèrent chacun une pierre à l'édifice commun; il était naturel qu'elle eût aussi son poète.

Depuis bien des années déjà, la poésie avait été asservie à la philosophie et à la science. Dans un siècle qui se glorifiait d'être le siècle des idées, la poésie, au lieu de rester une œuvre d'art désintéressée et une pure manifestation du beau, devait nécessairement devenir une arme au service de la vérité. Arme moins redoutable que la prose : aussi s'en servit-on peu d'abord. On a beau batailler en petits vers à propos du tremblement de terre de Lisbonne, c'est en prose que se livre le grand combat, c'est la prose qui décide du succès. (Mais, une fois la victoire décidée, on revint à la poésie négligée : on éprouva, vers la fin du siècle, le besoin de donner à la doctrine nouvelle la consécration des vers. Buffon était bien déjà en un sens un poète ; mais on attendait mieux encore, un Lucrèce. « Cela est si vrai, dit Sainte-Beuve, et c'était tellement le mouvement et la pente d'alors de solliciter un tel poète, que, vers 1780 et dans les années qui suivent, nous trouvons trois talents occupés du même sujet, et visant chacun à la gloire difficile d'un poème sur la nature des choses. Lebrun tentait l'œuvre d'après Buffon ; Fontanes, dans sa première jeunesse, s'y essayait sérieusement ;... André Chénier s'y poussa plus avant qu'aucun... » Mais hélas ! une fatalité pesa sur l'accomplissement de ces beaux projets : la *Nature ou le Bonheur Philosophique* de Lebrun ne fut jamais achevée ; le poème de Fontanes ne consista qu'en deux courts fragments ; l'*Hermès* de Chénier, si longuement médité, ne devait pas non plus arriver au terme que lui avait assigné l'auteur.

Le titre est significatif. Hermès ou Mercure était, chez les Grecs, le dieu des inventions, de l'industrie et des arts. Confondu plus tard avec le dieu Thôth des Egyptiens, il était devenu, au temps de la littérature alexandrine, Hermès trismégiste, c'est-à dire trois fois grand, prêtre, philosophe et roi ; de prétendus livres hermétiques traitaient de philosophie, de médecine, de chimie et d'histoire naturelle. Eratosthène fit un *Hermès*, dont il reste à peine aujourd'hui quelques débris informes, où il glorifiait la marche en avant de l'humanité vers la science et vers le bonheur. André ne fait autre chose, en 1780, que de reprendre le titre et le projet du poète alexandrin. Il veut nous élever dans les *templa serena* des sages, loin des cités où s'étalent le luxe et l'injustice, nous faire admirer la bienfaisante opulence de la nature, nous dévoiler les premières routes par où a passé jadis l'homme antique pour arriver jusqu'à nous. Il expliquera à la fin le monde et l'homme, comme a fait Lucrèce ;

mais, en imitant Lucrèce, il se souviendra qu'il est disciple aussi de Buffon et de Newton :

> Souvent mon vol, armé des ailes de Buffon,
> Franchit avec Lucrèce, au flambeau de Newton,
> La ceinture d'azur sur le globe étendue.
> Je vois l'être et la vie et leur source inconnue,
> Dans les fleuves d'éther tous les mondes roulants.
> Je poursuis la comète aux crins étincelants,   ces ;
> Les astres et leurs poids, leurs formes, leurs distan-
> Je voyage avec eux dans leurs cercles immenses.
> Comme eux, astre, soudain je m'entoure de feux ;
> Dans l'éternel concert je me place avec eux:
> En moi leurs doubles lois agissent et respirent ;
> Je sens tendre vers eux mon globe qu'ils attirent.
> Sur moi qui les attire ils pèsent tour à tour.
> Les éléments divers, leur haine, leur amour,
> Les causes, l'infini s'ouvre à mon œil avide.
> Bientôt redescendu sur notre fange humide,
> J'y rapporte des vers de nature enflammés,   [més.
> Aux purs rayons des dieux dans ma course allu-
> Ecoutez donc ces chants d'Hermès dépositaires,
> Où l'homme antique, errant dans ses routes premiè-
> Fait revivre à nos yeux l'empreinte de ses pas. [res,

Ce poème où la théorie de la gravitation devait occuper, comme on voit, une place importante, avait été divisé en trois chants.

Dans le premier, André exposait le système de la terre, mais non du monde : sorte de genèse scientifique (et nullement divine), où l'auteur devait chanter la formation de notre globe ! « Il faut, dit-il, magnifiquement représenter la terre sous l'emblème métaphorique d'un grand animal qui vit, se meut, est sujet à des changements, des révolutions, des fièvres, des dérangements dans la circulation du sang. La terre est éternellement en mouvement. Chaque chose naît, meurt, se dissout. » Tout est né des combinaisons de la *matière vive* que Buffon dit être composée de molécules organiques vivantes. « Ces atomes de vie, ces semences premières sont toujours en égale quantité sur la terre et toujours en mouvement. Ils passent de corps en corps, s'alambiquent, s'élaborent, se travaillent, fermentent, se subtilisent... ; ils entrent dans un végétal, ils en sont la sève, la force, les sucs nourriciers. Ce végétal est mangé par quelque animal ; alors ils se transforment en sang, etc... » Les minéraux eux-mêmes sont formés de ces atomes vivants mêlés à des parties brutes. — Puis André devait peindre les différents déluges (celui de la Bible, celui d'Ogygès, celui de Deucalion), et nous décrire la création des mers et des montagnes, et même celle de ces rochers, « où l'on croit voir éparpillé le reste des matériaux avec lesquels on a fait le monde ». — Enfin il devait terminer ce premier chant par une « magnifique description de toutes les espèces animales et végétales naissant », et par la peinture, imitée du IIIᵉ Livre de Lucrèce, du printemps fécondant, alors

> Que la terre est nubile et brûle d'être mère,

que « toutes les espèces animales et végétales se livrent aux feux de l'amour et transmettent à leur postérité les semences de vie confiées à leurs entrailles », et que « les vents et la mer se réjouissent de cet auguste hyménée du ciel et de la terre ». Tel devait être le premier chant de l'*Hermès*, resté à l'état de simple projet : car c'est à peine si le poète a laissé une cinquantaine de vers, perdus dans l'immensité du cadre.

Le second chant devait traiter de l'homme, depuis le commencement de son état sauvage jusqu'à la naissance des sociétés. Le canevas en prose débute par un tableau général de l'homme, qui, seul de tous les animaux, naît tout nu, privé de toute arme défensive ou offensive. « O homme, est-ce toi qui disséqueras la lumière ?.... Son arme offensive et intérieure, c'est son génie. » L'auteur explique ensuite le mécanisme des sens et leur connexion mutuelle, la combinaison des passions qui tantôt avilissent l'homme, tantôt le relèvent ; dans l'article des passions il devait intercaler un bel hymne à la mort dont il nous a laissé le plan, émaillé de quelques hémistiches et même de vers entiers qui auraient trouvé leur place dans la rédaction définitive : « O mort, que l'insensé redoute... Calme dans la tempête et port dans le naufrage... Espoir des malheureux qui n'ont plus d'espoir.... Toi qui es juste et remets tous les hommes au niveau... Toi par qui le roi et le sujet, le riche et le pauvre, l'oppresseur et l'opprimé reviennent à la même poussière... etc... ». Toute la dernière partie du chant est consacrée à la religion, ou plus exactement à la superstition. Chénier ne fait guère que reprendre la belle invective d'Epicure, en la rajeunissant par quelques arguments plus modernes. Il avait l'intention de faire la rapide histoire de ce qu'il appelait « les sottises religieuses », et de tous les abus que Lucrèce a flétris dans un vers fameux :

Tantum religio potuit suadere malorum !

« Après une courte mais brûlante description des cruautés superstitieuses, s'écrier avec une impitoyable ironie : Bien, bien, mes amis ; égorgez vos frères parce qu'ils ne pensent pas comme vous, que..... un torrent de bêtises. » Sans doute il ne s'agit là que de la superstition ; pourtant il est aisé de reconnaître à certains indices que Chénier se serait fait volontiers l'interprète des rancunes de son siècle contre le christianisme lui-même. C'est ainsi qu'il semble n'avoir rien compris du tout à Pascal, qu'il juge ainsi :

Beaucoup d'hommes, invinciblement attachés aux préjugés de leur enfance, mettent leur gloire, leur piété à prouver aux autres un système avant de se le prouver à eux-mêmes. Ils disent : Ce système, je ne veux point l'examiner pour moi... Il est vrai, il est incontestable, et, de manière ou d'autre, il faut que je le démontre. Alors, plus ils ont d'esprit, de pénétration, de savoir, plus ils sont habiles à se faire illusion, à inventer, à unir, à colorer des sophismes, à tordre et à défigurer tous les faits pour en étayer leur échafaudage... Pour ne citer qu'un exemple et un grand exemple, il est bien clair que, dans tout ce qui regarde la métaphysique et la religion, Pascal n'a jamais suivi d'autre méthode.

Le sommaire du troisième chant, rédigé par André Chénier, porte : « Les sociétés. Politique, morale. Invention des sciences... Système du monde. » La partie qu'il a seule eu le temps de

développer est celle qui a trait à la politique.
Après avoir fait un très rapide exposé du contrat
social et des principes de gouvernement, il exalte
la puissance des lois : « Ce sont elles qui sont
rois ; les rois sont leurs ministres. » Les lois
sont la sauvegarde des Etats et la condition essentielle de leur prospérité ; par elles les cœurs
des citoyens sont naturellement inclinés au bien ;
alors peines et récompenses deviennent presque
inutiles :

> Je veux qu'aux citoyens la justice vengée,
> L'honneur d'avoir bien fait, la patrie obligée,
> Les regards du sénat, des enfants, des aïeux,
> Soient un triomphe cher qui les élève aux cieux.
> Je veux que leur bourreau soit la honte ennemie ;
> Leurs peines, le mépris ; le blâme, l'infamie ;
> Que l'arbre, le rocher, le ciel, les éléments,
> Appelés à témoin de la foi des serments,
> Soient les juges secrets qui, dans l'âme parjure,
> Portent d'un long tourment l'implacable morsure.
> Mais cet Etat surtout porte empreint sur le front
> Du père de ses lois l'esprit vaste et profond,
> Où par intérêt même on devient magnanime ;
> Où la misère marche à la suite du crime ;
> Où par la faim, la soif, le vice est combattu ;
> Où l'on ne vit heureux qu'à force de vertu.

Il faut s'attacher non pas à la lettre de la loi,
mais à l'esprit. Quand le temps et les circonstances ont changé, il faut changer quelque chose
aussi à la loi. On en suit ainsi l'esprit véritable,
de même que lorsqu'on descend un fleuve, on est
parfois forcé de faire des circuits. Il faut surtout
que dans la république il ne puisse s'élever des
citoyens plus grands que les autres ; car ils sont

comme des « gouffres usurpateurs qui dépeuplent, affament, engloutissent un État. » Les images des conquérants doivent être partout remplacées par celles des sages et des législateurs, celles d'un César par celles d'un Moïse ou d'un Numa.

> Chassez de vos autels, juges vains et frivoles,
> Ces héros conquérants, meurtrières idoles,   [heurs,
> Tous ces grands noms, enfants des crimes, des mal-
> De massacres fumants, teints de sang et de pleurs.
> Venez tomber aux pieds de plus nobles images :
> Voyez ces hommes saints, ces sublimes courages,
> Héros dont les vertus, les travaux bienfaisants,
> Ont éclairé la terre et mérité l'encens ;   [frères,
> Qui, dépouillés d'eux-mêmes et vivant pour leurs
> Les ont soumis au frein des règles salutaires,
> Au joug de leur bonheur, les ont fait citoyens,
> En leur donnant des lois leur ont donné des biens,
> Des forces, des parents, la liberté, la vie,
> Enfin d'un grand pays ont fait une patrie.

Dans cette partie de l'*Hermès*, Chénier a mis toutes les aspirations de son généreux esprit vers l'idéal politique que la Révolution naissante semblait devoir réaliser alors. Par là son poème, au lieu d'être un simple rajeunissement de l'œuvre de Lucrèce, devient comme la poétique préface des grands événements qui allaient s'accomplir en France ; malgré la contrainte un peu timide des imitations de détail, malgré même une liste d'*emblèmes antiques* que l'auteur avait préparée et dans laquelle il se réservait de puiser, l'*Hermès* n'en reste pas moins animé d'un souffle très moderne.

De cette vaste entreprise Chénier n'a laissé que

quelques informes lambeaux. Cette perte est sans doute regrettable ; mais jusqu'à quel point est-il juste de la déplorer ? La mort du poète nous a-t-elle vraiment privés d'un chef-d'œuvre qui eût illuminé toute la fin du xviiie siècle, et immortalisé sous une forme poétique la pensée même d'une grande époque ? L'auteur semble avoir attribué à son œuvre une très grande importance, à en juger par le programme ambitieux qu'il s'était prescrit, par le temps qu'il a consacré à tracer ces très imparfaites esquisses, et aussi par le fier épilogue qu'il avait d'avance composé, où il prédisait à son cher *Hermès* un succès de scandale auprès de ses contemporains, un succès plus durable encore auprès de la postérité :

> O mon fils, mon Hermès, ma plus belle espérance,
> O fruit des longs travaux de ma persévérance,
> Toi, l'objet le plus cher des veilles de dix ans,
> Qui m'as coûté des soins et si doux et si lents ;
> Confident de ma joie et remède à mes peines ;
> Sur de lointaines mers, sur les terres lointaines,
> Compagnon bien-aimé de mes pas incertains,
> O mon fils, aujourd'hui quels seront tes destins ?
> Une mère longtemps se cache ses alarmes :
> Elle-même à son fils veut attacher ses armes ;
> Mais quand il faut partir, ses bras, ses faibles bras
> Ne peuvent sans terreur l'envoyer aux combats :
> Dans la France, pour toi, que faut-il que j'espère ?
>
> . . . .
>
> Perdu, n'existant plus qu'en un docte cerveau,
> Le Français ne sera dans ce monde nouveau
> Qu'une écriture antique et non plus un langage.
> Oh! si tu vis encore, alors peut-être un sage,
> Près d'une lampe assis, dans l'étude plongé,
> Te retrouvant poudreux, obscur, demi-rongé,

> Voudra creuser le sens de tes lignes pensantes.
> Il verra si, du moins, tes feuilles innocentes
> Méritaient ces rumeurs, ces tempêtes, ces cris,
> Qui vont sur toi sans doute éclater dans Paris...

Dans cette promesse d'immortalité il y a bien quelque illusion de poète. Etait-il vraiment possible à un auteur, en 1789, de mener à bien une telle œuvre ? Et cette œuvre, eût-elle même été terminée, devait-elle se placer au premier rang de celles dont l'humanité conserve le souvenir ? Il est difficile de le supposer, d'après les simples fragments qui nous en sont restés et qui ne comptent certes pas parmi les meilleurs d'André Chénier. De plus, les habitudes poétiques du temps, auxquelles l'auteur de l'*Hermès* ne savait pas toujours se soustraire, nous font suffisamment pressentir ce qu'aurait été le poème, s'il avait vu le jour : les essais de Lebrun et de Fontanes, les virtuosités descriptives de Delille sont là pour nous l'apprendre. Chénier eût mieux fait sans doute que ses confrères en philosophie et en périphrases ; mais il ne s'en fût pas assez clairement distingué. En 1789 la langue n'était certainement pas prête pour exprimer les idées qu'exprimera en 1875 un Sully Prudhomme, et tout l'art de Chénier eût échoué dans cette noble tentative. Il faut bien reconnaître aussi que la doctrine de l'Encyclopédie n'avait pas une netteté suffisante pour soutenir le génie du poète, et ne possédait pas la robuste ordonnance du matérialisme qui anime toute l'œuvre d'un Lucrèce : elle renfermait bien des incohérences et des obscurités, qui eussent

lourdement pesé sur l'exécution du poème. En
somme, l'*Hermès* demeurera comme un témoignage
extrêmement curieux de la tendance poétique
d'André Chénier à cette fin du xviiie siècle : l'ambition du poète y est très noble, mais elle devait
nécessairement être déçue. Chénier en dix ans a
à peine ébauché la réalisation de ce projet grandiose : eût-il vécu vingt ans de plus, il ne l'aurait
certes jamais conduit à son terme. L'*Hermès*
n'a donc pas été un chef-d'œuvre étouffé à sa
naissance : la Terreur a assez de crimes à son
compte, pour que nous ne la chargions pas de
celui-là.

Le sujet de l'*Amérique* est plus gigantesque
encore : il résume bien, avec l'*Hermès*, la prétention
orgueilleuse des hommes du xviiie siècle, que l'auteur a lui-même énoncée dans ce vers :

> Tout voir, aller partout, tout savoir et tout dire.

Ce poème devait comprendre, entre autres
choses, une géographie complète de la terre. « Il
faut dans cet ouvrage, soit quand le poète parlera,
soit par la bouche des personnages, soit dans les
discours prophétiques des êtres surnaturels,
décrire de côte en côte absolument toute la géographie du globe aujourd'hui connue. »

Il devait renfermer aussi une histoire générale
depuis les origines du monde jusqu'à l'âge
moderne. L'histoire ancienne aurait été racontée
à l'aide d'une fiction poétique, comme l'histoire
romaine l'est dans Virgile au moyen de la description du bouclier d'Enée. Les personnages les

plus variés auraient ensuite déroulé l'histoire
des diverses parties du monde, les invasions, la
féodalité, le mahométisme, les croisades, l'irrup-
tion des Turcs, la découverte du passage des
Indes, la Réforme, etc. Tout y aurait passé, depuis le chêne de saint Louis jusqu'aux exploits
de Gustave Wasa et aux crimes de Christiern II.
L'auteur aurait soigneusement noté, nous dit-il,
« les peuples, les productions, le sol, le climat,
la religion, la culture, toute l'histoire naturelle, les mœurs, les usages, l'histoire, la topo-
graphie de tous les pays du globe ». Il se serait attaché à désigner chacun de ces pays par
le détail qui le caractérise ; au lieu de dire la *Suède*
ou *Hilsingland*, il aurait dit : *là où sont les Russes* ;
au lieu de la *Chine : là où est la fameuse muraille*. Il
aurait encore (et c'eût été une des parties les plus
intéressantes de son œuvre) soigneusement décrit
les diverses cérémonies religieuses, notamment
les cérémonies catholiques : il aurait représenté
Las Cazas disant la messe sur une pile de tambours
avant le combat ; il aurait fait une poétique
peinture des Rogations, des enterrements, des
baptêmes, etc., comme on en trouvera bientôt
dans le *Génie du Christianisme* ou dans *Atala* ; il
aurait reproduit plusieurs histoires du Nouveau
Testament, la femme adultère, le Samaritain
charitable, etc. « Quoi qu'on dise, toutes ces fables
ont leur prix, sans valoir peut-être celles d'Homère. » Enfin il avait l'intention de faire de l'*Amérique* une véritable épopée, imitée à la fois d'Homère
et de Milton, avec une foule d'épisodes et d'ac-
teurs. Il voulait représenter Dieu lui-même

« s'asseyant sur le soleil pour parler », et les anges
courant en foule aux planètes dont ils avaient
la garde pour arrêter leur cours : les dieux des
autres nations auraient été admis dans ce poème
au même titre que celui des chrétiens. Nous au-
rions vu défiler au moins une trentaine de personnages différents, dont Chénier a laissé dans
ses notes le signalement sommaire : citons, entre autres, un protestant réfugié en Amérique,
sorte de Timon le misanthrope, « aimant, le soir,
à s'asseoir au haut des rochers, regardant la mer,
surtout en temps de tempête. » ; — un héros-poète
qui aurait chanté tour à tour l'amour et la guerre ;
— un grand homme banni et persécuté, à la façon
de Bélisaire ; — un Espagnol semblable à l'Hercule d'Euripide, grand, féroce, généreux, terrible,
gros mangeur ; — un vieillard outragé par des
fils ingrats ; — un homme d'âge mûr, sage, silen-
cieux et ironique ; humain et bon, sans aménité ;
ami inviolable, sans être caressant ; généreux,
sans magnificence ; juste, sans aimer la vengeance ; grand, sans enthousiasme ; peu fêté, peu
recherché, mais honoré de tous ; — un prince
américain ; — une Américaine aimée de Cortez ;
— une Espagnole sensible ; — un prédicateur ;
— un jésuite, etc., etc.

Tels étaient les projets de Chénier ; il en avait
même bien d'autres, à en juger par les indications
manuscrites qu'il nous a laissées. Il est sans
doute assez difficile de juger une œuvre d'après les
matériaux encore informes qui devaient la composer ; pourtant on ne peut s'empêcher d'être un
peu surpris de ce prodigieux entassement de faits

et d'idées, de cette confusion bariolée et multico-
lore, en un mot de ce fatras. Assurément l'auteur
eût cherché à fondre ces éléments si divers ; il
eût mis dans ce poème autant d'ordre qu'en pouvait comporter le sujet. N'importe : on ne voit pas
bien clairement ce qu'eût été un pareil répertoire
poétique de géographie et d'histoire : il est infiniment probable que l'*Amérique*, même sans le tragique événement de Thermidor, serait restée,
comme l'*Hermès*, à l'état de simple ébauche. De ce
fastueux projet, qui nous montre si bien à la fois
l'enthousiasme et la candeur du poète, retenons du
moins quelques beaux vers qui devaient trouver
place dans un « morceau astronomique » :

> Salut, ô belle nuit, étincelante et sombre,
> Consacrée au repos. O silence de l'ombre,
> Qui n'entends que la voix de mes vers et les cris
> De la rive aréneuse où se brise Téthys.
> Muse, muse nocturne, apporte-moi ma lyre.
> Comme un fier météore, en ton brûlant délire,
> Lance-toi dans l'espace ; et, pour franchir les airs,
> Prends les ailes des vents, les ailes des éclairs,
> Les bonds de la comète aux longs cheveux de flamme.
> Mes vers impatients, élancés de mon âme,
> Veulent parler aux dieux, et volent où reluit
> L'enthousiasme errant, fils de la belle-nuit.
> Accours, grande nature, ô mère du génie ;
> Accours, reine du monde, éternelle Uranie,
> Soit que tes pas divins sur l'astre du Lion
> Ou sur les triples feux du superbe Orion
> Marchent, ou soit qu'au loin, fugitive, emportée,
> Tu suives les détours de la voie argentée,
> Soleils amoncelés dans le céleste azur,
> Où le peuple a cru voir les traces d'un lait pur,
> Descends ; non, porte-moi sur ta route brûlante,
> Que je m'élève au ciel comme une flamme ardente.

> Déjà ce corps pesant se détache de moi.
> Adieu, lambeau de chair, je ne suis plus à toi.
> Terre, fuis sous mes pas. L'éther où le ciel nage
> M'aspire. Je parcours l'océan sans rivage.
> Plus de nuit. Je n'ai plus d'un globe opaque et dur
> Entre le jour et moi l'impénétrable mur.
> Plus de nuit, et mon œil et se perd et se mêle
> Dans les torrents profonds de lumière éternelle...

Outre l'*Hermès* et l'*Amérique*, Chénier méditait encore un court poème sur la *Superstition*, dont l'idée maîtresse fait le plus grand honneur à la perspicacité du philosophe. « Il faut faire, dit-il, et le plus tôt possible, un poème sur la superstition. Notre siècle n'a pas tant à se glorifier... Il semble que tous les hommes soient destinés à être superstitieux... Chaque siècle l'est à sa manière... Il y a maintenant en Europe un germe de fanatisme... » Aveu précieux dans la bouche d'un disciple enthousiaste de l'Encyclopédie. Quels sont ces fanatiques qui vers la fin du xviiie siècle remplaçaient les fanatiques du temps de la Saint-Barthélemy où de la Ligue ? Quels sont ces modernes charlatans, qui cherchent à en imposer à la crédulité publique ? Ce sont les Swedenborg et les Cagliostro. Et quels sont les badauds qui se laissent prendre à ces grossiers appâts ? Ce sont très souvent les esprits qui se piquent d'être les plus libres. Voyez ce jeune homme nourri de Bayle, de Voltaire et de Jean-Jacques :

> Un jeune homme orgueilleux, et docte réputé,
> Tout plein de quelque auteur au hasard feuilleté,
> Etonne un cercle entier de sa haute sagesse ;
> Il se joue avec grâce aux dépens de la messe ;

Il plaisante le pape et siffle avec dédain
Tous ces rêves sacrés qu'enfanta le Jourdain.
Et puis d'un ton d'apôtre, empesé, fanatique,
Il prêche du baquet la vertu magnétique,
Et ces doigts qui de loin savent bien vous toucher,
Et font signe à la mort de n'oser approcher.

. . . .
S'il croit même le vrai, c'est qu'il est né pour croire.
Ce n'est point que le vrai saisisse son esprit,
Mais que Bayle ou Voltaire ou Jean-Jacques l'a dit.
. . . . et le pauvre hébété
N'est incrédule enfin que par crédulité.

Parmi les grands projets formés et même à demi réalisés par André, on peut citer encore deux poèmes qui ne doivent pas compter parmi ses œuvres les meilleures. L'un est, à proprement parler, une satire dirigée contre les gens de lettres, contre leur servilité, leur vanité, leur amour du lucre ; l'auteur n'a pas eu le temps d'assigner un titre général à son œuvre : on la désigne ordinairement par le titre du premier de ces fragments : les *Cyclopes littéraires*, ou par celui du dernier : *la République des lettres*. L'autre poème n'a aucun rapport avec la science et la philosophie : c'est le poème de *Suzanne*. Le sujet est tiré du livre de Daniel. L'ouvrage se compose de six chants où le poète devait nous dire « l'innocence en butte à l'imposture », c'est-à-dire l'histoire de la chaste Suzanne et des deux vieillards : au deuxième chant s'intercalait une traduction de certains passages du *Cantique des Cantiques*. André nous a laissé le canevas entier et quelques fragments déjà versifiés. Ce poème ébauché demeure comme un curieux témoignage de l'esprit du poète. Chénier traitait la Bible absolument comme il traitait Théocrite ou Callimaque : il y transportait les mièvreries et les raffinements de son temps ; il y choisissait de préférence les tableaux gracieux et galants, même un peu risqués : en un mot, il la rapetissait au niveau des *Bucoliques*.

Il avait d'autres projets encore : il voulait composer de nouveaux poèmes, des tragédies (*La Mort d'Arminius*), des comédies (à l'imitation d'Aristophane), il songeait à s'exercer dans tous les genres dont les anciens nous avaient laissé des modèles. De toutes ces entreprises aucune n'a pu être achevée, aucune même n'a été poussée assez loin pour nous donner l'espérance d'un chef-d'œuvre ; mais elles témoignent de l'incroyable sève de jeunesse qui animait l'auteur. Peut-être cette fièvre de génie était-elle exaspérée par quelque secret pressentiment d'une fin prochaine : André Chénier se hâtait convulsivement vers la gloire, comme s'il avait su que cette vie, déjà si remplie, allait bientôt lui échapper.

CHAPITRE IX.

L'AMOUR, LA NATURE, LA MORT.

L'antiquité et la science n'ont heureusement
pas suffi au génie poétique d'André Chénier.
Pensers anciens glanés dans les auteurs grecs
et latins, pensers modernes empruntés aux grands
savants de notre âge, ne constituent pas, il s'en
faut, tout le fond de la poésie. André l'a dit lui-
même : « Le cœur seul est poète ». Pour être
poète, il faut sentir, c'est-à-dire il faut aimer.
L'auteur des *Elégies* n'a pas été seulement un
homme d'érudition et de science : il a été aussi
un homme de sentiment. Il a aimé ses amis, il
a aimé ses maîtresses, il a aimé la nature qui est
le temple magnifique de toutes les affections
humaines, il a aimé enfin la mort avec son mystère attirant et terrible, où viennent se perdre les
joies et les douleurs terrestres. Ces diverses ins-
pirations donnent à certaines parties de l'œuvre
d'André Chénier un caractère original et presque
intime, qu'il convient d'étudier à part.

Une des passions qui furent très en honneur
durant la seconde partie du xviii° siècle et dont
les hommes sensibles du temps aimèrent le plus

à se parer, est l'amitié. Diderot et Rousseau n'inventèrent certes pas l'amitié ; mais on peut dire qu'ils la prônèrent et la célébrèrent sur un mode tout nouveau. Un ami véritable ne fut pas seulement « une douce chose », selon la charmante expression de La Fontaine ; il devint un être presque surnaturel et sacré, qui consolait de l'ingratitude de l'univers entier, dont on ne parlait qu'en termes emphatiques, et dans le sein duquel on versait des torrents de larmes : les *Confessions* et la *Nouvelle Héloïse* nous en offrent plus d'un spécimen. André Chénier eut aussi le culte de l'amitié, mais un culte plus sincère et plus simple : il resta fidèle à quelques affections d'enfance, nées sur les bancs du collège de Navarre, et il les invoqua poétiquement dans toutes les principales circonstances de sa vie. Les noms des trois de Pange reviennen souvent dans ses *Elégies* avec ceux des frères Trudaine et du jeune Abel de Fondat,

> Abel, doux confident de mes jeunes mystères.

Dans ses rêves de bonheur, quand il se voyait « champêtre possesseur d'une humble chaumière » (la chaumière célébrée par tous les philosophes du temps), savourant à longs traits

> Les Muses, les plaisirs et l'étude et la paix,

il faisait dans cet Elysée une large place à ses amis ; il les conviait tous, les de Pange, les Trudaine, Abel, Marie-Joseph son frère, à venir partager son ombre hospitalière, prêter une oreille amicale et sévère à ses poésies, ou bien s'asseoir la nuit à de joyeux banquets. Il leur confiait les orages de son cœur, les secrets de sa vie, sa passion pour Camille, pour la belle d'Arno; il les associait aussi à quelques plaisirs moins nobles, aux orgies chez Glycère.

Mais c'est surtout dans la tristesse et la solitude que sa pensée se reportait vers ses amis, et qu'il s'attachait à eux d'un élan désespéré.

> Quoi ! je suis seul ? Ô Dieu, où donc sont mes amis ?
> Ah ! ce cœur qui, toujours à l'amitié soumis,
> D'étendre ses liens fit son besoin suprême,
> Faut-il l'abandonner, le laisser à lui-même ?
> Où donc sont mes amis ? Objets chéris et doux !
> Je souffre, ô mes amis ! Ciel, où donc êtes-vous ?
> A tout ce qu'elle entend, de vous seul occupée,
> De chaque bruit lointain mon oreille frappée
> Ecoute, et croit souvent reconnaître vos pas ;
> Je m'élance, je cours, et vous ne venez pas !...
> O de se confier noble et douce habitude !
> Non. mon cœur n'est point fait pour vivre en solitude.
> Il me faut qui m'estime, il me faut des amis,
> A qui dans mes secrets tout accès soit permis ;
> Dont les yeux, dont la main, dans la mienne pressée,
> Réponde à mon silence et sente ma pensée.

Quand il se croit près de mourir, il songe encore à ses amis qu'il ne verra plus ; il aspire à vivre dans leur souvenir, et c'est à eux qu'il adresse ses dernières recommandations, dans une belle élégie qui fait songer aux touchants adieux de Musset.

Aujourd'hui qu'au tombeau je suis près de descendre,
Mes amis, dans vos mains je dépose ma cendre ..
L'espoir que des amis pleureront notre sort
Charme l'instant suprême et console la mort.
Vous-mêmes choisirez à mes jeunes reliques
Quelque bord fréquenté des pénates rustiques,
Des regards d'un beau ciel doucement animé,
Des fleurs et de l'ombrage, et tout ce que j'aimai.
C'est là, près d'une eau pure, au coin d'un bois tran-
Qu'à mes mânes éteints je demande un asile. [quille,

Il vint pourtant un moment où Chénier, aigri
par le malheur, osa douter de ces amitiés qui
avaient été le charme et l'honneur de sa vie. Il
était alors à Saint-Lazare, abandonné de Dieu et
des hommes, songeant avec mélancolie à ceux
de ses amis qui étaient encore libres, et qui
semblaient l'avoir oublié ; il se disait qu'à leur
place il eût affronté mille morts pour sauver un
ami en péril, et il s'écriait douloureusement :

Accoutumons-nous à l'oubli...
Que pouvaient mes amis? Oui, de leur main chérie
    Un mot à travers ces barreaux
Eût versé quelque baume en mon âme flétrie ;
    De l'or peut-être à mes bourreaux ..
Mais tout est précipice. Ils ont eu droit de vivre.
    Vivez, amis, vivez contents.
En dépit de Fouquier soyez lents à me suivre.
    Peut-être en de plus heureux temps
J'ai moi-même à l'aspect des pleurs de l'infortune
    Détourné mes regards distraits ;
A mon tour aujourd'hui : mon malheur importune :
    Vivez, amis ; vivez en paix !

A qui s'adressaient ces tristes reproches ? Ce
n'était pas, en tout cas, à Roucher, qui devait

7*

mourir le 7 thermidor avec André, ni aux Trudaine, qui devaient mourir le 8. Ceux-là du moins, accablés par la même destinée, lui sont restés fidèles jusqu'à la tombe.

Mais l'amitié, quelque douce que fût cette passion, ne pouvait suffire à remplir un cœur aussi ardent. André a aimé d'amour, et c'est l'amour qui l'a sacré poète.

> L'amour seul dans mon âme a créé le génie ;
> L'amour est seul arbitre et seul dieu de ma vie.

Pourquoi n'a-t-il pas su dire cet amour comme un Lamartine ou un Musset ? C'est que sur son génie a pesé constamment une double contrainte, trop facilement acceptée, dont il n'a eu ni la volonté ni la force de se délivrer : il a été gêné à la fois par ses souvenirs classiques et par le goût général du xviiie siècle.

Au lieu de laisser simplement parler son cœur, il est resté, jusque dans l'expression de ses sentiments personnels, le prisonnier de l'antique élégie, jadis illustrée par Mimnerme et Simonide de Céos. Cette élégie n'est pas tout à fait celle qu'imaginait Boileau, c'est-à-dire la plaintive élégie, en longs habits de deuil, qui, les cheveux épars, ne sait que pleurer sur un cercueil : c'est un genre moins étroit, où la tristesse peut avoir sa place, mais où elle ne règne pas seule : c'est proprement la poésie de l'amour, avec ses tortures et ses désespoirs, mais aussi avec ses ivresses et ses triomphes. Callimaque, Méléagre et les poètes de l'Anthologie en ont laissé, parmi les Grecs, les modèles, sinon les plus purs, du moins les plus charmants. Mais c'est aux Latins surtout, plus abondants et plus facilement accessibles, que s'adresse la Muse industrieuse d'André Chénier. A Tibulle il empruntera sa molle et féminine tendresse, à Ovide son élégante et spirituelle désinvolture, à Properce son art plus savant et son accent plus viril.

En imitant l'élégie latine, André, d'ailleurs, n'innovait pas ; il ne faisait que suivre la tendance de bien des poètes de son temps. On assiste en effet, durant la seconde partie du xviii° siècle, à une renaissance de la poésie amoureuse, due à deux causes principales. La première provient de l'oubli relatif où nos auteurs avaient relégué jusqu'alors cette forme si charmante de l'élégie : les élégies de Ronsard, on le sait, ressemblent assez peu aux élégies anciennes, elles n'en ont l'apparence extérieure ; le fond de l'élégie antique, c'est-à-dire l'expression lyrique de la passion amoureuse a passé presque tout entier dans le sonnet dont la forme nous est venue (ou nous est revenue) d'Italie. La vogue du sonnet, jusque vers 1660, avait donc détourné les Français de l'imitation des élégiaques anciens ; l'élégie restait, même après Ronsard et la Pléiade, une province de la poésie ancienne, sinon inconnue, du moins non encore complètement explorée. Il était naturel que le xviii° siècle, dans la pénurie où il était de formes poétiques un peu nouvelles, s'empressât de réparer l'injustice de l'âge précédent, et rendît à Tibulle et à Properce l'hommage qu'on avait depuis longtemps déjà rendu à Horace, à

Virgile et à Phèdre. D'ailleurs tout conviait à ce renouveau amoureux dans la poésie : les mœurs faciles du temps, et surtout l'influence de Rousseau. La *Nouvelle Héloïse* était pleine d'un sentiment si intense et si troublant que la poésie ne pouvait pas, sur ce point, rester longtemps en arrière de la prose ; le roman déborda encore hors de ses limites, comme au commencement du xvii° siècle, et cette fois les conséquences devaient en être bien plus graves encore : car, tout au bout de cette évolution, on voit poindre déjà la poésie lyrique d'un Lamartine. Mais, aux environs de 1770, il ne s'agit pas encore de cela ; on est seulement à cet instant précis où l'amour, qui a envahi le roman et la comédie du temps, c'est-à-dire la prose, cherche son expression nouvelle dans la poésie, et, ne trouvant pas son emploi dans la tragédie de Voltaire, se réfugie, faute de mieux, dans la forme commode et rajeunie de l'élégie latine. Petite poésie et petits poètes, si l'on veut ; mais l'heure des chefs-d'œuvre n'avait pas encore sonné, les génies n'ont pas encore paru, la langue n'est pas prête. On n'eut guère à cette époque, dans la poésie, que la monnaie de Rousseau, c'est-à-dire les Lebrun, les Parny, les Bertin. A ces noms on en peut ajouter un autre qui les domine tous, celui d'André Chénier. L'auteur des *Élégies* nous a rendu Tibulle, si l'on veut, mais un Tibulle revu et corrigé à la mode de Rousseau. Cette double influence a beaucoup gêné l'expression de ses sentiments intimes, et a certainement nui à l'originalité de sa poésie.

Ce qui suffirait à nous gâter la sincérité des *Elégies*, c'est le malencontreux *Art d'aimer*, qu'André a laissé inachevé après avoir eu le très grand tort de le commencer. En cela, comme en tout, il se montrait à la fois antique et moderne. Les anciens lui fournissaient un modèle illustre, le *De arte amandi* d'Ovide, vrai chef-d'œuvre de malice, d'esprit, de grâce, et aussi de libertinage élégant, précieux document pour qui veut étudier la vie privée des Romains du Ier siècle. Les modernes lui offraient un moins bon spécimen, du même genre dans cet *Art d'aimer* de Gentil Bernard qui venait de paraître en 1775, après avoir été lu et colporté dans tous les bons et les mauvais lieux de Paris. André imita Ovide, et il imita aussi Gentil Bernard qui avait déjà imité Ovide. L'ouvrage devait avoir trois chants, que l'auteur n'a pas eu le temps ni peut-être la patience de remplir. Dans ce petit poème, il ne s'agit naturellement pas de l'art d'aimer, puisqu'à la vérité c'est un art difficile à concevoir, mais il y est beaucoup question de l'art d'être aimé : c'est une sorte de code de la séduction, un traité de coquetterie à l'usage de l'un et de l'autre sexe. Nous y trouvons force conseils touchant les parfums, la parure, le costume, des dissertations fort piquantes sur l'avantage et les inconvénients de l'absence, sur l'ennui qui provient de la monotonie, sur les dangers de la précipitation, et sur l'échec qui est réservé au jeune homme trop impatient dont on peut dire :

> Il a coupé ses blés quand les jeunes moissons
> Ne passaient point encor les timides gazons

Plusieurs vers tout aussi élégants sont consacrés à l'interprétation du langage des fleurs et à nous expliquer ce que signifient la tulipe, le lis, la rose, l'iris et l'œillet. Il y a là sans doute quelques détails charmants ; mais d'amour il n'y en a pas trace. La passion n'y est considérée que comme un simple jeu d'esprit assaisonné de raffinements sensuels. Assurément Chénier s'est montré, sur ce dernier point, un peu plus honnête qu'Ovide et Gentil Bernard ; mais pour tout le reste il a fait comme eux, et il n'a pas fait mieux.

L'*Art d'aimer* nous renseigne à l'avance sur le caractère de la passion dont les *Elégies* nous offriront la peinture. On peut dire qu'à part certaines allusions et certains détails l'amour, qui a inspiré tous ces vers, est un amour à forme classique et conventionnelle, à peu près semblable à celui de tous les poètes élégiaques, qu'ils s'appellent Tibulle ou qu'ils s'appellent Properce. La première condition du genre exige que l'objet aimé ne soit pas unique : le change en amour, que la morale réprouve, devient une gentillesse poétique. Les Latins n'y ont pas manqué : Tibulle n'a pas aimé que Délie, il a aimé aussi Némésis, Néère, Glycère et bien d'autres. De même, Ronsard a aimé Cassandre, Hélène et Marie. Chénier ne sera donc pas tout à Camille, il est aussi à la belle d'Arno, à Glycère, à Lycoris, à Fanny : au fond de tout poëte il y a toujours un homme à bonnes fortunes, un Hylas ou un don Juan. Comment le poète s'y prendra-t-il pour nous décrire sa flamme ? Il peindra d'abord des scènes de bonheur, habilement nuancées, depuis les aveux les

plus discrets jusqu'aux orgies les plus folles ;
mais il n'en abusera pas, de peur de tomber dans
la monotonie : il n'y a pas beaucoup de façons d'être
heureux, et il en est tant d'être malheureux ! L'élégie incline donc naturellement à la tristesse. Là
les scènes peuvent être plus variées. Camille est
absente, et André se laisse aller tour à tour à la
jalousie et à l'espoir ; Camille est fière, insensible,
et André par dépit ne veut pas retourner chez
elle ; Camille est fantasque, elle l'a menacé, et
André veut aller chez elle pour triompher de ce
cœur tyrannique ; hélas ! Camille est infidèle, et
André en surprend avec colère les irrécusables
preuves ; André a quitté Camille, il est sombre, il
est triste, il demande à sa Muse et à ses amis de
le consoler. Tel est le thème éternel de ces élégies
où le nom de Camille pourrait aussi bien être
remplacé par ceux de Lycoris ou de Glycère. Joi-
gnez-y, çà et là, quelque éloge bien senti des
beautés de la nature et quelques éloquentes in-
vocations à la mort : vous aurez, dans son artifice
immuable, l'élégie type, celle de Tibulle et celle
d'André Chénier.

Cette poésie a un autre défaut grave, qu'il
suffira d'indiquer, sans y insister autrement : elle
est très peu chaste. Nous avons déjà vu comment,
dans ses *Bucoliques*, André Chénier s'appliquait
souvent à imiter les équivoques et très peu naïves
peintures des romanciers grecs ; dans les *Elégies*,
le sujet y prêtait encore davantage, et plus d'un
lascif tableau de Tibulle ou d'Ovide nous a ainsi
été conservé sous des couleurs françaises. Il y a
des détails et des mots qui reviennent trop sou-

vent et qui trahissent clairement la constante préoccupation de l'auteur. En cela d'ailleurs André Chénier subissait aussi l'influence de son siècle. Ce n'est pas en vain que Rousseau avait prêché l'exaltation du sentiment et décrit la voluptueuse attente de Saint-Preux dans le cabinet de Julie; les romanciers et les poètes exagéreront à l'envi ces raffinements malsains de la passion. Chénier fera comme eux, tout en s'autorisant des anciens. Sachons-lui gré seulement de n'avoir pas renchéri sur ses contemporains, et d'être plutôt resté en deçà de ce que se permettaient alors les Lebrun et les Parny. Même dans les peintures les plus libres, il conserve une élégance et un goût qui le sauvent de la grossièreté ; quelques-unes de ces pièces peuvent même compter parmi les plus parfaites, comme la délicieuse imitation de la *Lampe* du poète Méléagre. Au reste, ce reproche de sensualité que nous adressons à la Muse d'André n'a rien en soi qui eût pu lui déplaire. Dans l'*Art d'aimer*, il recommandait aux belles la lecture des poètes les plus enivrants, et il aspirait à prendre rang dans cette sainte cohorte, comme il le proclame dans une élégie :

> Ainsi, que mes écrits, enfants de ma jeunesse,
> Soient un code d'amour, de plaisir, de tendresse ;
> Que partout de Vénus ils dispersent les traits ;
> Que ma voix, que mon âme, y vivent à jamais ;
> Qu'une jeune beauté...

Et Chénier, en des vers qui ne sauraient être cités ici, décrit complaisamment tous les merveilleux effets qu'il attend de sa poésie. Cette poésie n'a qu'un nom, c'est la poésie érotique, fleur charmante et malsaine de l'antiquité païenne, transplantée sur le sol trop propice de notre XVIII° siècle finissant.

Mais il y a autre chose, par bonheur, dans les *Elégies* de Chénier, qui suffit à les distinguer de tous les petits vers des élèves de Parny. On peut démêler parfois, à travers tous ces artifices, des sentiments vrais qui ne viennent pas d'un modèle ancien, mais qui ont spontanément jailli du cœur du poète. André a vraiment aimé : dans certaines pièces adressées à Mme de Bonneuil (sous le nom de Camille) et à Marie Cosway (sous le nom de *belle d'..n.*) il y a des accents sincères, qui nous reposent des soupirs de convention. Mais c'est surtout lorsqu'il célèbre Fanny, que l'auteur, épris d'une passion à la fois ardente et pure, élève sa Muse bien au-dessus des vulgarités rebattues de l'élégie : celle qu'il chantait ainsi sous le nom de Fanny, était une honnête femme, une jeune mère, qui n'eût pas souffert sans doute des hommages moins discrets. Avec quelle douce émotion André sait pleurer avec elle la mort de cet enfant chéri !

> L'innocente victime, au terrestre séjour
> N'a vu que le printemps qui lui donna le jour.
> Rien n'est resté de lui qu'un nom, un vrai nuage,
> Un souvenir, un songe, une invisible image.
> Adieu, fragile enfant échappé de nos bras,
> Adieu, dans la maison d'où l'on ne revient pas !

Avec quelle grâce primesautière il sait dire à Fanny qu'un sourire d'elle, un seul regard font éclore des chansons sur ses lèvres !

Mai de moins de roses, l'automne
De moins de pampres se couronne,
Moins d'épis flottent en moissons,
Que sur mes lèvres, sur ma lyre,
Fanny, tes regards, ton sourire,
Ne font éclore de chansons.

Enfin avec quelle fière et tendre tristesse, au milieu des malheurs publics, le poète évoque, parmi les frais ombrages de Versailles, l'image de celle qui fut jusqu'au bout l'objet respecté de son culte et sa suprême consolation ! Sans elle, il serait déjà mort, abreuvé d'amertume et de dégoût ; son image adorée est le seul bien qui le rattache encore à la vie :

Ah ! malheureux ! à ma jeunesse
Une oisive et morne paresse
Ne laisse plus goûter les studieux loisirs.
Mon âme, d'ennui consumée
S'endort dans les langueurs ; louange et renommée
N'inquiètent plus mes désirs.

L'abandon, l'obscurité, l'ombre,
Une paix taciturne et sombre,
Voilà tous mes souhaits. Cache mes tristes jours,
Et nourris, s'il faut que je vive,
De mon pâle flambeau la clarté fugitive
Aux douces chimères d'amour.

L'âme n'est point encor flétrie,
La vie encor n'est point tarie,
Quand un regard nous trouble et le cœur et la voix.
Qui cherche les pas d'une belle,
Qui peut ou s'égayer ou gémir auprès d'elle,
De ses jours peut porter le poids.

J'aime ; je vis. Heureux rivage !
Tu conserves sa noble image,
Son nom, qu'à tes forêts j'ose apprendre le soir,
Quand, l'âme doucement émue,
J'y reviens méditer l'instant où je l'ai vue,
Et l'instant où je dois la voir.

Pour elle seule encore abonde
Cette source jadis féconde,
Qui coulait de ma bouche en sons harmonieux.
Sur mes lèvres tes bosquets sombres
Forment pour elle encor ces poétiques nombres,
Langage d'amour et des dieux.

Voilà qui ne sent plus du tout son Ovide et qui annonce plutôt la molle et plaintive harmonie du *Lac* de Lamartine.

Dans cette belle ode, tombée des lèvres du poète déjà condamné par le sort, l'idéale figure de Fanny nous apparaît au milieu de ce délicieux paysage de Versailles, qui semble un cadre tout fait pour elle ; André prend pour confidents de son doux mystère les « vallons tranquilles », les « verts sommets », les « frais asiles », toute cette nature apaisée et souriante. Déjà il s'était écrié, le cœur plein d'une autre souffrance et épris d'un autre amour :

Ah ! portons dans les bois ma triste inquiétude,
O Camille ! l'amour aime la solitude.

Il sentait en effet très vivement qu'une étroite harmonie existe entre l'âme humaine et cette âme des choses dont parle Virgile, et que la nature est la grande consolatrice, la Muse toujours mater-

nelle et tendre des poètes et des amoureux. Sans
doute, avant lui, des poètes avaient déjà pris les
bois et les ruisseaux à témoin des orages du cœur,
ils avaient déjà célébré la solitude ; mais à ce culte
de la nature un peu froid et conventionnel vient se
mêler, vers la fin du xviiie siècle, sous l'influence
de Rousseau, une note émue et sincère, que l'on
ne connaissait pas encore. Ce n'est pas en vain
que Saint-Preux a promené ses rêveries désolées
sur les bords gracieux du Léman, et jusque dans
les rochers arides qui dominent la côte de Meillerie :
tous les romanciers et les poètes qui suivront seront un peu ses élèves : ils aimeront la nature, ils
la chanteront souvent avec un luxe malheureux
d'hyperboles, parfois cependant, comme Léonard,
avec une fraîcheur et une grâce qui sembleront
toutes nouvelles. André est un de ceux qui y réus-
sissent le mieux, et qui annoncent déjà par ce côté
la brillante rénovation poétique qui s'accomplira
quelques années plus tard. Il n'aime pas seulement
la campagne en disciple d'Horace, mais aussi la
chaumière sentimentale, en vrai fils de Rousseau.
Bien plus, il aime déjà la montagne chère aux
romantiques de l'âge suivant : il eût désiré naître
« au sein des Alpes fertiles », simple fils de pasteur :

> Oh ! que ne suis-je enfant de ce lac enchanté
> Où trois pâtres héros ont à la liberté
> Rendu tous leurs neveux et l'Helvétie entière !
> Faible, dormant encor sur le sein de ma mère,
> Oh ! que n'ai-je entendu ces bondissantes eaux,
> Ces fleuves, ces torrents .. !
> O lac, fils des torrents ! O Thun, onde sacrée !

> Salut, monts chevelus, verts et sombres remparts
> Qui contenez ses flots pressés de toutes parts !
> Salut, de la nature admirables caprices,
> Où les bois, les cités pendent en précipices !
> Je veux, je veux courir sur vos sommets touffus.

Il a même entrevu, sans pouvoir l'exprimer assez simplement, la poésie de la haute montagne et des neiges éternelles :

> Sur leurs arides fronts le voyageur porté
> S'étonne. Auprès des rocs d'âge en âge entassée,
> En flots âpres et durs brille une mer glacée.
> A peine sur le dos de ces sentiers luisants
> Un bois armé de fer soutient ses pas glissants.
> Il entend retentir la voix du précipice.
> Il se tourne et partout un amas se hérisse
> De sommets ou brûlés ou de glace épaissis,
> Fils du vaste Mont-Blanc, sur leurs têtes assis,
> Et qui s'élève autant au-dessus de leurs cimes.
> Qu'ils s'élèvent eux-mêmes au-dessus des abîmes.

Au sentiment d'admiration pour les beautés de la nature est intimement lié un autre sentiment qui n'a certes pas été inconnu de l'antiquité, mais qui a trouvé dans la poésie moderne son expression la plus parfaite : c'est la mélancolie, cette exquise souffrance de l'âme. Devant la magnificence des tableaux que l'univers déroule à nos yeux, nous songeons avec attendrissement à notre petitesse, à notre impuissance, au temps qui s'enfuit, à nos rêves toujours poursuivis sans être réalisés jamais ; notre esprit se perd dans cette contemplation infinie, et je ne sais quel flot de délicieuse amertume vient inonder notre cœur.

> Douce mélancolie ! aimable mensongère,
> Des antres, des forêts déesse tutélaire,
> Qui vient d'une insensible et charmante langueur
> Saisir l'ami des champs et pénétrer son cœur,
> Quand, sorti vers le soir des grottes reculées,
> Il s'égare à pas lents au penchant des vallées
> Et voit des derniers feux le ciel se colorer,
> Et sur les monts lointains un beau jour expirer.

De pareils vers sont rares et précieux, à cette date de 1785 ou de 1790 : ils devancent en effet de plus de quarante ans ceux de *Jocelyn*. La rêverie, dont les poètes ont tellement usé et abusé depuis un siècle qu'ils ont fini par nous jeter par réaction dans l'excès contraire, était encore, au temps de Chénier, dans sa fraîche et simple nouveauté. Théophile et Saint-Amant, deux poètes méconnus, avaient jadis chanté la solitude. La-Fontaine et Mme de Sévigné, deux irréguliers du grand siècle, avaient pressenti la mélancolie des beaux soirs. Mais c'est seulement à partir de Rousseau, que se manifeste dans la poésie et dans le roman le penchant à la rêverie : c'est comme une disposition naturelle des cœurs, que Lesage, Marivaux et Voltaire n'ont même pas soupçonnée : la folie du Promeneur solitaire devient un peu, à partir de cette époque, la folie de tous : il se produit comme un attendrissement de l'âme humaine à la veille des rudes secousses de la Révolution. André est un de ceux qui ont exprimé avec le plus de sincérité cet état nouveau des imaginations. Il adorait Richardson et Rousseau, et il évoquait avec émotion, dans une de ses élégies, les idéales figures de Clarisse, de Clémentine et de Julie. Sa

nature même l'inclinait depuis son enfance à la
méditation solitaire : il nous parle quelque part de
sa « triste et pensive jeunesse ». Très vite en effet
chez lui la mélancolie, au lieu de garder une sérénité calme, tourna au découragement et à la tristesse. Il a laissé échapper plus d'un regret à la
pensée de sa jeunesse si rapidement envolée, de ses
beaux rêves évanouis, de ses amoursvite fanés par
l'oubli. Tout le monde connaît le cri des *Feuilles
d'automne*, d'une si douce et si plaintive harmonie :

> Que vous ai-je donc fait, ô mes jeunes années,
> Pour m'avoir fui si vite et vous être éloignées
>   Me croyant satisfait ?
> Hélas ! pour revenir m'apparaître plus belles,
> Quand vous ne pouvez plus me prendre sur vos ailes,
>   Que vous ai-je donc fait ?

Chénier aussi avait déjà jeté un regard atten-
dri sur son printemps écoulé et il avait exhalé sa
plainte en des vers qui ne pâlissent pas trop à
côté de ceux de Victor Hugo :

> O jours de mon printemps, jours couronnés de roses,
> A votre fuite en vain un long regret s'oppose.
> Beaux jours, quoique souvent obscurcis de mes
>   [pleurs,
> Vous dont j'ai su jouir même au sein des douleurs,
> Sur ma tête bientôt vos fleurs seront fanées ;
> Hélas ! bientôt le flux des rapides années
> Vous aura loin de moi fait voler sans retour !

Mais souvent chez André ce poétique regret de
la jeunesse trop tôt passée est rendu plus douloureux encore par le pressentiment de la mort

prochaine. Il existe du reste entre la jeunesse et la mort comme une sympathie et une attirance secrètes : les anciens ne disaient-ils pas de ceux qui meurent jeunes qu'ils sont aimés des dieux ? L'amour, la nature, la mort forment une trilogie qui a été de tout temps chère aux poètes : elle fait déjà le fond des plus beaux sonnets de Ronsard ; elle reparaît plus brillante que jamais à cette fin du xviii° siècle, qui était déjà grosse de la poésie moderne. Il y a en France de 1760 à 1830 environ comme une poésie de la mort qui commence avec Gilbert, se continue avec André Chénier, s'incarne brillamment en René, en Obermann, dans tous ces héros du désespoir nés de la cendre du Werther allemand ; elle trouve son expression la plus tendre, mais non la plus saine, avec le *Poète mourant* et la *Chute des feuilles* de Millevoye ; elle donne aux jeunes premiers romantiques, aux Didier, aux Hernani, aux Chatterton leur air triste et fatal; elle jette enfin son dernier feu avec Rolla jusqu'au jour où l'enfant du siècle confesse son mal, qui dès lors est déjà à demi guéri. Dans cette illustre lignée, André Chénier occupe une place importante, presque en tête. Il est un de ceux qui ont tiré de l'idée de la mort unie à celle de la jeunesse les effets les plus poétiques et les plus touchants.

Bien plus que la *Jeune Tarentine*, que *Néère*, ou qu'*Amymone*, ces gracieuses imitations de l'antique, la *Jeune Captive*, composée par André dans sa prison, et publiée très peu de temps après sa mort (le 20 nivôse an III), reste le chef-d'œuvre de ce genre un peu trop sentimental, où

les défauts risquent parfois de passer pour les
plus belles qualités. Cette pièce a exercé une
telle influence sur l'opinion que notre siècle s'est
faite d'André Chénier, qu'il importe, avant de la
juger, de la remettre ici sous les yeux du lecteur,
bien qu'elle soit, à coup sûr, dans toutes les mémoires.

L'épi naissant mûrit de la faux respecté ;
Sans crainte du pressoir, le pampre tout l'été
    Boit les doux présents de l'aurore ;
Et moi, comme lui belle, et jeune comme lui,
Quoi que l'heure présente ait de trouble et d'ennui,
    Je ne veux point mourir encore.

Qu'un stoïque aux yeux secs vole embrasser la mort,
Moi, je pleure et j'espère ; au noir souffle du nord
    Je plie et relève ma tête.
S'il est des jours amers, il en est de si doux !
Hélas ! quel miel jamais n'a laissé de dégoûts ?
    Quelle mer n'a point de tempête ?

L'illusion féconde habite dans mon sein.
D'une prison sur moi les murs pèsent en vain,
    J'ai les ailes de l'espérance :
Echappée aux réseaux de l'oiseleur cruel,
Plus vive, plus heureuse, aux campagnes du ciel
    Philomèle chante et s'élance.

Est-ce à moi de mourir ? Tranquille je m'endors,
Et tranquille je veille, et ma veille aux remords
    Ni mon sommeil ne sont en proie.
Ma bienvenue au jour me rit dans tous les yeux ;
Sur des fronts abattus mon aspect dans ces lieux
    Ranime presque de la joie.

Mon beau voyage encore est si loin de sa fin !
Je pars, et des ormeaux qui bordent le chemin

A. CHÉNIER. 8

J'ai passé les premiers à peine.
Au banquet de la vie à peine commencé,
Un instant seulement mes lèvres ont pressé
La coupe en mes mains encor pleine.

Je ne suis qu'au printemps, je veux voir la moisson ;
Et comme le soleil, de saison en saison,
Je veux achever mon année.
Brillante sur ma tige et l'honneur du jardin,
Je n'ai vu luire encor que les feux du matin :
Je veux achever ma journée.

O mort ! tu peux attendre ; éloigne, éloigne-toi ;
Va consoler les cœurs que la honte, l'effroi,
Le pâle désespoir dévore.
Pour moi Palès encore a des asiles verts,
Les amours des baisers, les Muses des concerts :
Je ne veux point mourir encore !

Ainsi, triste et captif, ma lyre toutefois
S'éveillait, écoutant ces plaintes, cette voix,
Ces vœux d'une jeune captive ;
Et secouant le faix de mes jours languissants,
Aux douces lois des vers je pliais les accents
De sa bouche aimable et naïve.

Ces chants, de ma prison témoins harmonieux,
Feront à quelque amant des loisirs studieux
Chercher quelle fut cette belle :
La grâce décorait son front et ses discours,
Et comme elle craindront de voir finir leurs jours
Ceux qui les passeront près d'elle.

Il est bien inutile de répéter ici tous les éloges
dont cette pièce a été comblée, et qui se trouvent
en grande partie mérités. On saurait difficile-
ment imaginer une cadence plus plaintive, des
soupirs plus suaves ; bien des larmes ont coulé

et couleront encore au souvenir de la jeune captive que l'imagination populaire se figure avoir été ravie dans sa fleur, « avant d'avoir vu la moisson ». Certaines trouvailles d'expressions, certains tours heureux suffiraient d'ailleurs à sauver à jamais de l'oubli cette poésie. Pourtant il est bien permis de reconnaître, sans manquer de respect à la gloire de Chénier, que sa *Jeune Captive*, si attendrissante qu'elle soit, a considérablement vieilli. Il en est un peu de ces strophes comme des très remarquables mais très inégales *Stances* de Malherbe *à M. Duperrier*. Quand nous nous les récitons à nous-mêmes, notre pensée somnole languissamment bercée par le rythme, et ne s'éveille guère qu'à certains vers, dont l'effet, d'ailleurs admirable, est attendu et savouré d'avance : *Je ne veux pas mourir encore ; j'ai les ailes de l'espérance ; je ne suis qu'au printemps ; je veux achever ma journée ;* etc. Tandis que nous sommes tout à l'enchantement de ces vers, nous apercevons à peine certains défauts, qui, pour sembler charmants, n'en sont pas moins des défauts. N'est-ce pas, par exemple, faire un réel abus d'images, que de comparer successivement cette jeune fille à un épi, à un pampre, à une plante, à un oiseau, à un voyageur, à un convive, puis de nouveau à un épi, à une fleur, etc. ? Ces comparaisons même sont-elles suffisamment neuves et originales ? Il est certain qu'il y a là un art un peu factice, et trop facilement imitable. La preuve en est dans les innombrables romances qui ont été faites sur le modèle de la *Jeune Captive* et où reparaissent à l'envi toutes ces idylliques comparaisons. Sans doute, ce n'est pas tout à fait la faute de Chénier si de mauvais plagiaires ont ressassé après lui le même thème et flétri les délicates beautés de sa poésie ; encore faut-il reconnaître que ces beautés étaient de celles qui se fanent très vite. Il n'y a pas jusqu'à la strophe finale, qui n'éveille aujourd'hui en nous quelque scrupule de goût, en même temps qu'une légère surprise. Finir cette élégie mouillée par une pensée qui tient à la fois du rébus et du madrigal, a pu sembler charmant au poète, et à celle qui faisait les frais de ce compliment, mais nous semble aujourd'hui une bien singulière invention. Pour goûter l'attendrissante mélancolie de l'œuvre, mieux vaut oublier cette dernière strophe, de même qu'il vaut mieux aussi ne pas trop rechercher « quelle fut cette belle » : car les « amants des loisirs studieux » auraient sur ce dernier point une grave désillusion. Exquise harmonie, mais sensibilité un peu mièvre, et grâce un peu inquiétante : telles sont les qualités et les défauts de cette pièce justement célèbre. Si cette appréciation semblait un peu sévère, l'on n'a qu'à invoquer le muet témoignage d'un auteur très aimé de Chénier, Euripide, et qu'à comparer aux plaintes de la jeune captive celles d'Alceste ou d'Iphigénie regrettant la lumière.

A cet art un peu raffiné l'on doit préférer non seulement la tragique tristesse des *Iambes*, mais aussi quelques accents des *Elégies*, où le poète, marqué par le destin, a mis toute la mélancolie de son âme. André a-t-il vraiment songé au suicide ? Cela n'est pas impossible à admettre,

quand on songe à l'ennui dont il se plaignit
souvent, à la maladie qui le faisait souffrir, au
dégoût qui lui soulevait le cœur à la vue des
médiocrités terrestres, au culte qu'il avait pour
ces grands anciens, dont plusieurs surent si
noblement sortir de la vie, et pour Rousseau dont
la prose ardente avait communiqué à bien des
âmes l'angoisse de Saint-Preux. Quoi qu'il en
soit, Chénier nous a laissé une très belle page sur
ce vertige de la mort qui parfois l'attirait, et
contre lequel il luttait avec effroi.

O nécessité dure ! ô pesant esclavage !
O sort ! je dois donc voir, et dans mon plus bel âge,
Flotter mes jours, tissus de désirs et de pleurs,
Dans ce flux et reflux d'espoir et de douleurs !

Souvent, las d'être esclave et de boire la lie
De ce calice amer que l'on nomme la vie,
Las du mépris des sots qui suit la pauvreté,
Je regarde la tombe, asile souhaité ;
Je souris à la mort volontaire et prochaine ;
Je me prie, en pleurant, d'oser rompre ma chaîne.
Le fer libérateur qui percerait mon sein
Déjà frappe mes yeux et frémit sous ma main...
Et puis, mon cœur s'écoute et s'ouvre à la faiblesse :
Mes parents, mes amis, l'avenir, ma jeunesse,
Mes écrits imparfaits : car, à ses propres yeux
L'homme sait se cacher d'un voile spécieux.
A quelque noir destin qu'elle soit asservie,
D'une étreinte invincible il embrasse la vie,
Et va chercher bien loin, plutôt que de mourir,
Quelque prétexte ami de vivre et de souffrir.
Il a souffert, il souffre : aveugle d'espérance,
Il se traîne au tombeau de souffrance en souffrance,
Et la mort, de nos maux ce remède si doux,
Lui semble un nouveau mal, le plus cruel de tous...

> Je vis, je souffre encor : battu de cent naufrages,
> Tremblant, j'affronte encor la mer et les orages,
> Quand je n'ai qu'à vouloir pour atteindre le port !
> Lâche ! aime donc la vie, ou n'attends pas la mort.

C'est Chateaubriand qui a mis au jour ces beaux vers en 1802 dans une note du *Génie du christianisme* : ne croirait-on pas entendre déjà la plainte de René, d'un René moins orgueilleux et plus touchant ?

On voit maintenant le fort et le faible des *Elégies* de Chénier, par où elles ont vieilli, et par où elles nous charment encore. Il s'y trouve beaucoup trop d'artifice, de convention, de sentimentalité mièvre et factice : l'imitation des anciens, qui soutient le poète dans ses *Bucoliques*, lui est ici une gêne et une entrave. En revanche, on y sent déjà, à certaines pages, à certains vers, un effort visible vers une poésie personnelle, où le poète nous confierait ses enthousiasmes, ses joies et ses désespérances. Ce n'est pas encore le romantisme : mais on commence à pressentir, à certains signes, que les temps du romantisme sont proches. D'autre part, ce qui rend au fond cette poésie un peu sèche, malgré l'apparente richesse des sentiments et de l'harmonie, c'est que l'idée de Dieu en est à peu près absente. En cela Chénier n'est pas le précurseur de nos grands lyriques ; bien plus, il retarde sur Rousseau lui-même. C'est en vain que ses apologistes ont essayé de nier la portée du mot célèbre de Chênedollé : « André Chénier était athée avec délices », et la signification de la curieuse élégie où il réclame pour sa dépouille de n'être pas escortée

par les chants lamentables des pontifes saints, et de
n'être pas ensevelie aux accents des cloches sous
des murs sacrés. Il n'en est pas moins vrai qu'André est resté jusqu'à la fin de la vie un philosophe,
un disciple de l'Encyclopédie. Il n'a cru à Dieu
que juste ce qu'il était nécessaire pour ne pas se
brouiller avec lui ; il ne l'a invoqué qu'une seule
fois, dans sa dernière détresse ; il demande alors
à ce Dieu vengeur de foudroyer ses ennemis : et
encore a-t-il assez peu de confiance dans l'effet
de sa prière, et raille-t-il amèrement ce « tonnerre
qui s'endort ». Au fond, il est surtout un païen,
un stoïque : il a remplacé la préoccupation de
l'infini par la noblesse et la fierté instinctive
du cœur.

Si cette corde a manqué à sa lyre, il l'a remplacée du moins par une autre toute neuve, dont
il a tiré des accents jusqu'alors inconnus. Il a
aimé la liberté, il lui a voué en dernier lieu sa
Muse et sa vie. C'est par là qu'il est vraiment
grand, et que, contraint par l'effroyable nécessité
des choses, il a enfin donné la mesure de son
génie.

CHAPITRE X.

LA LIBERTÉ.

> Protège-moi toujours, ô Liberté chérie,
> O mère des vertus, mère de la patrie !

Voilà des vers qui ne sont traduits d'aucun auteur grec ni latin, et pour lesquels toute recherche d'un commentaire érudit serait superflue. Ils ont spontanément jailli de l'âme d'André Chénier à la veille des grands événements qui allaient transformer les destinées de la France et du monde. Sentiment et pensées sont vraiment modernes cette fois, et bien français.

Le mot était ancien : il avait été souvent employé déjà par Tite-Live, par Cicéron et par Tacite. C'est au nom de la liberté que les plébéiens avaient arraché aux patriciens une partie de leurs privilèges, que Pompée avait combattu à Pharsale, et que Pison avait conspiré. Mais il ne s'agissait là que de la prédominance d'une caste sur une autre dans le gouvernement, ou de l'exercice de certains droits politiques. Dans une société exclusivement fondée sur l'esclavage, le mot de liberté avait forcément un sens spécial et restreint. Quand les hommes de la Révolution se grisèrent de la lecture de Plutarque et jouèrent aux Cassius ou aux Brutus, ils étaient les victimes d'un mirage involontaire : ces malencontreux souvenirs de l'antiquité ont même parfois lourdement pesé sur la conduite des hommes et la marche des choses. La liberté annoncée et proclamée par les penseurs du xviiie siècle n'a que le nom de commun avec celle que connaissaient les Athéniens et les Romains. Elle consiste, avant tout, dans la liberté individuelle, source de toutes les autres libertés : la célèbre Déclaration des droits de l'homme en donne la formule. C'est cette liberté féconde et neuve, fondement définitif de notre société contemporaine, que salue André Chénier ; c'est à elle qu'il a consacré le meilleur de son génie et qu'il a sacrifié son existence.

Dès le printemps de 1782, c'est-à-dire bien avant la convocation des Etats généraux, André a le pressentiment des temps qui approchent, et célèbre déjà avec enthousiasme tous les bienfaits que l'homme devra à la liberté. Il écrit alors ce beau dialogue entre un chevrier et un berger, qui est non pas la plus populaire, mais la plus neuve et la plus forte de ses *Bucoliques*. L'auteur, toujours en quête d'imitation, s'est souvenu de la querelle entre Damœtas et Ménalque dans la troisième églogue de Virgile ; mais, à part quelques détails empruntés, l'œuvre est originale et d'un accent bien moderne. Les deux personnages sont un chevrier et un berger. Le premier est un homme libre, au front pur, au regard tendre, à l'âme charitable et douce ; le second est un esclave, sombre et farouche, les yeux enveloppés de noirs cheveux épars, le cœur dévoré de colère et d'envie. « L'homme libre fait à l'autre avec ravissement la peinture des beautés de la nature dont ils jouissent... L'esclave répond qu'il ne les voit point... le brusque... et oppose des malédictions contre lui-même à toutes les extases de l'autre... Le style de l'un est doux et fleuri ; celui de l'autre dur et sauvage. » Tel est le plan que s'est proposé Chénier et qu'il a admirablement rempli. Il est impossible de peindre avec des traits plus forts la belle santé morale de l'homme libre, et l'avilissement de l'esclave.

LE CHEVRIER.

Berger, quel es-tu donc ? qui t'agite ? et quels dieux
De noirs cheveux épars enveloppent tes yeux ?

LE BERGER.

Blond pasteur de chevreaux, oui, tu veux me l'ap-
[prendre ;
Oui, ton front est plus beau, ton regard est plus
[tendre :

LE CHEVRIER.

Quoi ! tu sors de ces monts où tu n'as vu que toi,
Et qu'on n'approche point sans peine et sans effroi !

LE BERGER.

Tu te plais mieux sans doute aux bois, à la prairie ;
Tu le peux. Assieds-toi parmi l'herbe fleurie ;
Moi, sous un antre aride, en cet affreux séjour,
Je me plais sur le roc à voir passer le jour.

LE CHEVRIER.

Mais Cérès a maudit cette terre âpre et dure ;
Un noir torrent pierreux y roule une onde impure ;
Tous ces rocs, calcinés sous un soleil rongeur,
Brûlent et font hâter les pas du voyageur.

Point de fleurs, point de fruits, nul ombrage fertile
N'y donne au rossignol un balsamique asile.
Quelque olivier au loin, maigre fécondité,
Y rampe et fait mieux voir leur triste nudité.
Comment as-tu donc su d'herbes accoutumées
Nourrir dans ce désert tes brebis affamées ?

LE BERGER.

Que m'importe ? est-ce à moi qu'appartient ce trou-
Je suis esclave.   [peau ?

LE CHEVRIER.

Au moins un rustique pipeau
A-t-il chassé l'ennui de ton rocher sauvage ?
Tiens, veux-tu cette flûte ? elle fut mon ouvrage.
Prends : sur ce buis fertile en agréable sons
Tu pourras des oiseaux imiter les chansons.

LE BERGER.

Non, garde tes présents. Les oiseaux de ténèbres,
La chouette et l'orfraie et leurs accents funèbres,
Voilà les seuls chanteurs que je veuille écouter.
Voilà quelles chansons je voudrais imiter.
Ta flûte sous mes pieds serait bientôt brisée :
Je hais tous vos plaisirs. Les fleurs et la rosée,
Et de vos rossignols les soupirs caressants,
Rien ne plaît à mon cœur, rien ne flatte mes sens.
Je suis esclave.

LE CHEVRIER.

Hélas ! que je te trouve à plaindre !
Oui, l'esclavage est dur. Oui, tout mortel doit craindre
De servir, de plier sous une injuste loi,
De vivre pour autrui, de n'avoir rien à soi.
Protège-moi toujours, ô Liberté chérie,
O mère des vertus, mère de la patrie !

LE BERGER.

Va, patrie et vertu ne sont que de vains noms,
Toutefois tes discours sont pour moi des affronts.

Ton prétendu bonheur et m'afflige et me brave ;
Comme moi, je voudrais que tu fusses esclave.

LE CHEVRIER.

Et moi, je te voudrais libre, heureux, comme moi.

L'homme libre essaie de consoler le noir chagrin de l'esclave : « Vois la terre, combien elle est
belle ; vois les splendeurs de l'été, l'éclat des fleurs
et des fruits. — J'ai des yeux d'esclave, et je ne
les vois pas. La terre n'est point ma mère : elle
est pour moi une marâtre ; la nature entière est
plus dure et plus horrible que le vallon de mort
où je vis. — Écoute la voix douce et paisible de
tes brebis, vois les jeux de tes agneaux bondissants. — Ces brebis et ces agneaux ne sont pas à
moi : je les hais ; ils sont la cause ou l'occasion
de tous mes maux. — Va dans le temple implorer
les dieux, appui des misérables. — Ces dieux, je
les crains, je ne les aime pas, ils m'ont donné
des fers. — Eh bien, sois amoureux :

> Quelle amertume extrême
> Résiste aux doux souris d'une vierge qu'on aime ?

— Eh ! quel œil virginal voudrait tomber sur moi ?...
O juste Némésis ! si jamais je puis être
Le plus fort à mon tour, si je puis me voir maître,
Je serai dur, méchant, intraitable, sans foi,
Sanguinaire, cruel, comme on l'est avec moi !

— Et moi, dit l'homme libre, je veux être
humain et compatissant, pour que mes serviteurs
aiment leur maître, et bénissent en paix l'instant
de leur naissance.

— Et moi, je le maudis, cet instant douloureux
Qui me donna le jour pour être malheureux ;
Pour agir quand un autre exige, veut, ordonne ;
Pour n'avoir rien à moi, pour ne plaire à personne ;
Pour endurer la faim, quand ma peine et mon deuil
Engraissent d'un tyran l'indolence et l'orgueil.

— Berger infortuné ! je te plains, ton désespoir m'attriste. Prends cette chèvre mère et ces
chevreaux ; qu'ils aillent avec toi, et consolent un
peu ta douleur. — Oui, donne, et sois maudit ! »

Peut-être eussions-nous désiré à cette belle
méditation philosophique une conclusion plus
sereine. Mais combien cette fin amère revêt une
signification profonde et presque tragique,
quand on songe aux événements qui vont se
dérouler quelques années plus tard ! André ne
pressentait-il pas déjà l'enfantement douloureux
de la liberté, et le déchaînement aveugle du
peuple-roi, qui la veille encore était esclave ?

Cependant il trouvait que cette liberté tant
souhaitée tardait bien à paraître à l'horizon.
Turgot et Malesherbes avaient été chassés du
ministère, pour avoir essayé d'en préparer la
venue. Au lieu d'entendre le cri de souffrance
qui montait jusqu'à eux, les grands étaient tout à
leurs plaisirs et à leurs intrigues. C'est alors
qu'André, inquiet d'une pareille insouciance, et
effrayé des catastrophes qu'elle présage, compose
son bel *Hymne à la Justice* (connu sous le titre
inexact d'*Hymne à la France*). Il y chante la beauté
et la richesse de cette généreuse terre de France,

Que les dieux complaisants formaient pour être
[heureuse,

son climat délicieux, ses superbes forêts, ses fruits, ses fleurs, ses moissons, et tous les biens dont elle a été comblée par la nature; il chante aussi tous les chefs-d'œuvre imaginés par l'industrie de la race, les ports creusés, les villes édifiées, ce grandiose canal du Languedoc, les routes tracées par l'ingénieur Trudaine; il célèbre enfin les vertus du peuple qui habite cette contrée, le courage qu'il a montré contre les Anglais, sa patience, son humanité, son penchant naturel à la joie... Pourtant ces habitants sont devenus tristes et inquiets, les chansons expirent sur leurs lèvres, leur front et leur âme sont flétris par l'empreinte de la souffrance : c'est qu'ils sont faibles, opprimés, et qu'ils ne peuvent profiter de tous ces dons qu'ils ont reçus de la bonté des dieux. Et pendant ce temps l'Anglais, libre et fort, les nargue, les insulte et les dépouille.

> Oh ! combien tes collines
> Tressailliraient de voir réparer tes ruines,
> Et pour la Liberté donneraient sans regrets
> Et leur vin, et leur huile, et leurs belles forêts !
> J'ai vu dans tes hameaux la plaintive misère,
> La mendicité blême et la douleur amère.
> Je t'ai vu dans tes biens, indigent laboureur,
> D'un fisc avare et dur maudissant la rigueur,
> Versant au pied des grands des larmes inutiles,
> Tout trempé de sueurs pour toi même infertiles,
> Découragé de vivre et plein d'un juste effroi
> De mettre au jour des fils malheureux comme toi ;
> Tu vois sous les soldats les villes gémissantes ;
> Corvée, impôts rongeurs, tribut, taxes pesantes,
> Le sel, fils de la terre, ou même l'eau des mers,
> Service d'oppression et de fléaux divers ;

Vingt brigands, revêtus du nom sacré du prince,
S'unir à déchirer une triste province,
Et courir à l'envi, de son sang altérés,
Se partager entre eux ses membres déchirés !
O sainte égalité, dissipe nos ténèbres,
Renverse les verrous, les Bastilles funèbres !

Mais hélas ! les verrous sont encore solides et les Bastilles restent debout : des foules d'innocents, faussement accusés et injustement condamnés, à l'insu des lois, à l'insu du vulgaire, gémissent au fond des cachots qui étouffent leurs sanglots.

Non, je ne veux plus vivre en ce séjour servile ;
J'irai, j'irai bien loin me chercher un asile...
Où mon cœur, respirant sous un ciel étranger,
Ne verra plus de maux qu'il ne peut soulager,
Où mes yeux, éloignés des publiques misères,
Ne verront plus partout les larmes de mes frères,
Et la pâle indigence à la mourante voix,
Et les crimes puissants qui font trembler les lois.

Le poète en terminant invoque l'Équité sainte, « vierge adorée », et jure de lui consacrer toujours les transports « d'une lyre au cœur chaste ».

Mais les temps sont enfin venus, les États généraux se sont réunis ; l'Assemblée constituante travaille au bonheur de la France ; la Bastille a été emportée par le souffle vengeur de l'ouragan populaire. André quitte alors le sol étranger où il traînait son ennui, et il entre en France le cœur débordant d'orgueil pour toutes les grandes choses qui viennent de s'accomplir. Le 7 juillet 1790, se trouvant sur les rives du Rhône, il contemple avec émotion les cimes du Dauphiné qui se déroulent à ses yeux ; son esprit se reporte vers la Journée des Tuiles à Grenoble, les Etats de Vizille, ceux de Romans, et tous ces glorieux préludes de la Révolution, et le poète s'écrie dans un accès de pieux enthousiasme :

> . . . . .Terre, terre chérie,
> Que la liberté sainte appelle sa patrie,
> Père du grand Sénat, ô Sénat de Romans,
> Qui de la liberté jeta les fondements :
> Romans, berceau des lois, vous, Grenoble et Va-
> [lence,
> Vienne, toutes enfin ! monts sacrés d'où la France
> Vit naître le soleil avec la liberté !
> Un jour le voyageur par le Rhône emporté,
> Arrêtant l'aviron dans la main de son guide,
> En silence, debout sur sa barque rapide,
> Fixant vers l'orient un œil religieux,
> Contemplera longtemps ces sommets glorieux !

Quelques mois après, le peintre Louis David ayant offert à l'Assemblée constituante une esquisse de son tableau *Le Serment du jeu de Paume*, André Chénier emboucha la trompette de Pindare pour célébrer dignement un pareil sujet. Cette ode n'est pas une des meilleures pièces qu'il ait composées. Les longues strophes de dix-huit vers s'y meuvent bien lourdement, malgré la hardiesse de quelques rejets : elles sont encombrées de tout le fatras lyrique (apostrophes, interrogations, exclamations, etc...) que Boileau croyait déjà découvrir dans Pindare et qu'il considérait comme une beauté essentielle du genre : l'imitation des anciens, et aussi l'imitation d'un autre

modèle fort contestable, Lebrun, a été une gêne
pour le talent du poète. Que n'a-t-il simplement
laissé couler les sentiments dont son cœur était
plein ! Il eût donné au moins un digne pendant à son
Hymne à la Justice. Sous cette forme malheureuse
de l'ode pindarique on sent malgré tout la sincérité de l'enthousiasme révolutionnaire d'André
et les craintes généreuses qu'il concevait pour la
destinée de ce peuple subitement affranchi.

> Vers les lois, le devoir, et l'ordre, et l'équité,
>   Guidez, hélas ! sa jeune liberté.
> Gardez que nul remords n'en attriste la fête !

Ces appréhensions n'étaient que trop fondées :
les belles espérances conçues lors de la fête de la
Fédération s'étaient bientôt évanouies : la Révolution commençait à emporter à la dérive les
hommes et les choses. André se jeta alors résolument dans la mêlée. Nous avons vu quel fut son
rôle pendant cette émouvante année 1792 qui vit
l'effondrement de l'antique monarchie et le commencement des luttes intestines qui allaient
ensanglanter l'Assemblée. André paya vaillamment de sa personne ; mais ce fut surtout comme
journaliste qu'il défendit la cause de l'ordre légal
et de la liberté : nous verrons plus loin quel
talent et quelle éloquence il déploya dans cette
courageuse campagne. Pendant ces quinze ou
dix-huit mois qui précèdent la condamnation du
Roi et l'avènement de la Terreur, la Muse de
Chénier reste presque muette. Il s'agissait bien
de rimer, au lendemain des journées du vingt juin

ou du dix août ! Il ne s'agissait que de combattre,
et d'employer pour cela la seule arme qui pût
faire à l'adversaire de sérieuses blessures, celle
de la prose. Une seule fois durant cette période,
André revint à la Muse : ce fut au moment du
triomphe décerné par la municipalité de Paris aux
Suisses de Châteauvieux. Après avoir flétri à quatre
reprises dans le *Journal de Paris*, ces scandaleux
projets d'apothéose, le poète ajouta une corde
d'airain à sa lyre, et composa l'*Hymne sur l'entrée
triomphale des Suisses de Châteauvieux*. Cette pièce
ne doit pas compter parmi les plus belles d'André Chénier : la forme en est un peu pénible, et
l'ironie de la fin (la métamorphose des Suisses de
Collot d'Herbois en constellations) n'est pas suffisamment légère. Elle contient pourtant quelques
vigoureux accents, notamment quand l'auteur
s'indigne de voir trôner sur un char radieux

> Ces héros que jadis sur les bancs des galères
> Assit un arrêt outrageant,
> Et qui n'ont égorgé que très peu de nos frères,
> Et volé que très peu d'argent !

L'auteur avait trouvé d'instinct la forme qui
convenait le mieux à exprimer les sentiments
d'amertume et de mépris dont son cœur était
plein : ce sont les premiers iambes de Chénier.

Dès la fin de 1792, André peut s'avouer vaincu :
après la mort du Roi, il se retire découragé, le
cœur gros de haine, et laisse s'accomplir les
terribles événements dont il avait en vain essayé
de détourner le cours. Il fuit loin de ces lieux
maudits, emportant avec lui l'image inviolée et

radieuse de la liberté. Il retourne alors à la
poésie, la grande consolatrice des âmes souf-
frantes : il lui demande un peu de calme et d'oubli.
C'est l'époque où il aime Fanny et confie aux
bois solitaires de Versailles le doux mystère de
son cœur ; mais, au milieu même de cet asile de
verdure, de ces vallons paisibles et de ces routes
fleuries, à qui il apprend le nom de Fanny, il ne
peut chasser de son esprit la vision qui l'obsède :

> Tout à coup mes yeux s'enveloppent de deuil :
>   J'y vois errer l'ombre livide
> D'un peuple d'innocents, qu'un tribunal perfide
>   Précipite dans le cercueil.

Une jeune républicaine, la petite-nièce de
Corneille, l'élève de Rousseau, vient-elle du fond
de la Normandie, dans un élan de sublime
héroïsme, poignarder jusque dans sa demeure celui
qui incarne aux yeux de la foule tous les crimes
de l'époque, et venger sur lui la liberté souillée ?
Monte-t-elle sur l'échafaud sans peur et sans
remords, innocente et inutile victime d'un rêve
généreux ? André, du fond de sa retraite, sent
alors gronder en lui ses haines toujours vivaces,
et confie à sa Muse fidèle l'émotion dont son cœur
déborde. Il salue la noble fille qui osa être un
homme au milieu de la lâcheté presque univer-
selle :

> Belle, jeune, brillante, aux bourreaux amenée,
> Tu semblais t'avancer sur le char d'hyménée.
> Ton front resta paisible et ton regard serein.
> Calme sur l'échafaud, tu méprisas la rage
> D'un peuple abject, servile et fécond en outrage,
> Et qui se croit encore et libre et souverain !

> La vertu seule est libre. Honneur de notre histoire,
> Notre immortel opprobre y vit avec ta gloire ;
> Seule tu fus un homme, et vengeas les humains !
> Et nous, eunuques vils, troupeau lâche et sans âme,
> Nous savons répéter quelques plaintes de femme ;
> Mais le fer pèserait à nos débiles mains !

Mais le poète n'aura pas à se reprocher long-temps de vivre : moins d'un an après, c'était son tour.

Le 7 mars 1794, André était arrêté à Passy ; le 8, il était incarcéré à Saint-Lazare. Ce déplorable évènement nous a valu du moins un chef-d'œuvre. Plaignons le citoyen injustement immolé, mais ne plaignons pas le poète dont la gloire n'a pas été payée trop cher, même à ce prix. Dans l'ébranlement de tout son être, causé par cette terrible secousse, André se révéla à lui-même son propre génie : un autre poète naquit en lui. Ce n'était plus le temps des patientes restitutions de l'antique, ni des molles élégies à Camille, ni des vagues rêveries sous les ombrages de Versailles : il fallait autre chose. Le poète prisonnier pouvait se dire comme jadis d'Aubigné en tête de ses *Tragiques* :

> Je n'avais jamais fait babiller à mes vers
> Que les folles ardeurs d'une prompte jeunesse...
> Ce siècle, autre en ses mœurs, demande un autre style.

Ce style nouveau, où il va mettre toutes les révoltes et tous les dégoûts de son âme, c'est celui des *Iambes*.

Chénier, toujours fidèle au culte de l'antiquité,

s'intitule fièrement *fils d'Archiloque*, de cet Archiloque à qui la colère suggéra un mètre nouveau, le distique iambique, réservé dès lors à l'invective satirique, tandis que le distique ordinaire (hexamètre et pentamètre), cher aux Latins et surtout à Ovide, conserva un caractère purement élégiaque. Horace dans ses *Epodes* a essayé de reproduire ces iambes d'Archiloque, avec leur rythme sautillant et acerbe, le plus long marchant le premier et frayant la voie au second plus court, plus virulent, qui frappe au cœur l'adversaire comme d'un coup de poignard. Est-il besoin de dire que dans la poésie française (où il n'y a pas de *pieds*, ni même en un certain sens de *mètres*) l'iambe, ou du moins ce qu'on appellera de ce nom, sera fort différent de l'iambe ancien? Il consistera simplement en une suite de vers alternés de douze et de huit syllabes à rimes croisées : ces distiques ne seront pas organisés en strophes (comme, par exemple, les célèbres *Adieux à la vie* de Gilbert), mais le sens s'y poursuivra sans interruption. Tels sont les *Iambes* d'André Chénier ; tels seront plus tard ceux d'Auguste Barbier.

Ces *Iambes* ont été longtemps mal connus ou peu connus : il n'y a pas vingt-cinq ans qu'on en était encore réduit à l'édition de 1819, qui contient seulement quelques lambeaux mal cousus et mutilés. L'éditeur, M. de Latouche, qui avait pourtant eu sous les yeux les manuscrits, scandalisé par la virulence du style, avait soigneusement supprimé les trois quarts de ces vers. A ceux qu'il avait conservés, il avait même fait subir

de graves altérations : par exemple à l'hémistiche *pour cracher sur leurs noms* il avait décem-
ment substitué cet autre *pour insulter leurs noms*.
Il avait retranché, taillé, coupé, refait des vers
entiers, et il avait enfin abouti à ce résultat, qu'il
jugeait merveilleux, de nous présenter un iambe
interrompu juste à point par l'arrivée du messager de mort, noir recruteur des ombres.... L'effet
était pathétique, et il a fait pendant cinquante ans
verser bien des larmes ; mais quand on eut assez
pleuré, et que l'on connut, grâce à M. Gabriel de
Chénier, en 1872, le texte authentique, on s'aper-
çut alors combien ces prétendues habiletés semblaient pauvres et chétives en regard de la vérité
simple, et quel tort involontaire on avait fait au
poète avec toute cette mise en scène assez puérile. On découvrit aussi avec ravissement une
foule de beautés neuves, à côté desquelles le
premier éditeur avait passé sans les voir, ou bien
qui avaient alarmé la timidité de son goût. C'était
presque des Iambes nouveaux qui sortaient du
tombeau de la victime, encore tout vibrants de
haine et frémissants d'horreur. Ce n'est plus en
effet le doux poète élégiaque, le chantre de la *Jeune
Captive*, livré comme un mouton bêlant au couteau du boucher : c'est plutôt un lion qui rugit,
c'est un citoyen indigné qui trouve des accents
de flamme pour venger sur ses ennemis la liberté
qu'ils violent et la justice qu'ils offensent.

Cette poésie est vraiment admirable de sincérité et d'émotion. Plus de raffinements ni d'élégances, aucun artifice de forme : à peine deux ou
trois périphrases instinctives, dont l'une est restée

à jamais fameuse. Aucun souci de l'imitation des modèles ; quelques souvenirs seulement de l'antiquité, mais entraînés et comme perdus dans le mouvement général de l'ensemble. L'auteur a exprimé dans ces vers quelques sentiments très simples, la haine contre les brigands qui déshonorent la France, le mépris pour leur ignominieux pouvoir, la rage d'être tombé vivant entre leurs mains et de ne pouvoir rompre ces fers immérités ; mais, tout au fond des sombres abîmes de cet enfer, perce une lueur de tenace espérance, espérance dans le triomphe dernier de la liberté. Telle est l'inspiration de cette poésie, la plus spontanée qui ait jamais jailli des lèvres d'un homme : elle est née du bouleversement et de la révolte d'une âme injustement opprimée.

André Chénier a bien senti lui-même la transformation qui s'opérait dans son talent, et il a pris soin de répondre d'avance aux fâcheux commentaires qu'en pourraient faire ses ennemis.

> « Sa langue est un fer chaud. Dans ses veines brûlées
>   Serpentent des fleuves de fiel. »
> — J'ai, douze ans, en secret, dans les doctes vallées
>   Cueilli le poétique miel.
> Je veux un jour ouvrir ma ruche tout entière :
>   Dans tous mes vers on pourra voir
> Si ma muse naquit haineuse et meurtrière.

S'il a emprunté l'iambe d'Archiloque, ce n'est pas pour venger, comme le poète grec, ses injures privées, mais pour foudroyer les ennemis publics, les bêtes venimeuses qui sucent le sang de la patrie.

> Ma foudre n'a jamais tonné pour mes injures.
> La patrie allume ma voix ;
> La paix seule aguerrit mes pieuses morsures,
> Et mes fureurs servent les lois.
> Contre les noirs Pythons et les hydres fangeuses
> Le feu, le fer arment mes mains ;
> Extirper sans pitié les bêtes venimeuses,
> C'est donner la vie aux humains.

Quelles sont ces bêtes venimeuses ? Nous n'avons qu'à tourner la page, et nous serons vite fixés : leurs noms s'étalent en toutes lettres dès le premier iambe, composé par André quelques semaines avant son incarcération, mais déjà tout brûlant de haine. La Convention avait jugé à propos d'ordonner la translation des cendres de Marat au Panthéon à la place de celles de Mirabeau ; tandis que Marie-Joseph, effrayé, n'osait se soustraire à la nécessité de faire un rapport favorable, André confiait à sa chère Muse l'indignation dont son cœur était plein.

> Voûtes du Panthéon, quel mort illustre et rare
> S'ouvre vos dômes glorieux ?

Et, chemin faisant, il marque d'un trait de feu les principaux instigateurs de ce scandale, Barère, « gros de pathos et de pleurs », le stupide David, « qui larmoie », Brissot, « qui jamais n'a menti » ; il s'en prend enfin à la mémoire exécrée de Marat, dont « la sale et vilaine âme » va sans doute planer au-dessus de la cérémonie, comme un nuage d'exhalaisons impures, de Marat, que le poignard de Charlotte Corday a sauvé de la

André Chénier a Saint-Lazare.

potence, qui l'attendait. Mais patience ! à défaut
de Marat, il en reste d'autres ; et le poète évoque
la joyeuse et macabre vision des députés de la
Montagne, accrochés au gibet d'infamie : cet iambe
effréné ressemble à je ne sais quelle ronde fantas-
tique, la ronde des pendus :

> Il était né de droit vassal de la potence ;
>   Il était son plus cher trésor.
> Console-toi, gibet : tu sauveras la France !
>   Pour tes bras, la Montagne encor
> Nourrit bien des héros dans ses nobles repaires,
>   Le Gendre, *élève de Caton*,
> Le grand Collot-d'Herbois, fier *patron* des galères,
>   Plus d'un Robespierre, et Danton,
> Thuriot, et Chabot, enfin toute la bande,
>   Et club, commune, tribunal !
> Mais qui peut les compter ? Je te les recommande :
>   Tu feras l'appel nominal.
> Pour chanter à ces saints de dignes litanies,
>   L'un demande Anacharsis Clotz ;
> L'autre veut Cabanis ou d'autres grands génies ;
>   Et qui Grouvelle, et qui Laclos.
> Mais non, nous entendrons ces oraisons funèbres
>   De la bouche du bon Garat ;
> Puis tu les enverras tous au fond des ténèbres
>   Lécher le ... du bon Marat.
> Que la tombe sur vous, sur vos reliques chères,
>   Soit légère, ô mortels sacrés !
> Pour qu'avec moins d'efforts par les dogues vos frères
>   Vos cadavres soient déchirés !

Voilà le ton des *Iambes* ; voilà ce que la Terreur
avait fait du chantre gracieux de Néère et de
Myrto !

Peu après, André est à Saint-Lazare. Du fond

de son cachot, il apprend que Robespierre a fait
décréter la fête de l'Etre suprême : il s'indigne
que Dieu laisse s'accomplir cette odieuse profanation, et qu'il accepte les hypocrites hommages
des Couthon et des Carrier. « Quoi ! Dieu tout-
puissant, tu souffres que de pareils personnages
te louent et t'avouent ! Tu endures la dérision
avec laquelle ils te bravent et croient que tu
existes quand ils vivent ! »

> Tu ne crains pas qu'au pied de ton superbe trône
> Spinoza, te parlant tout bas,
> Vienne te dire encore : Entre nous, je soupçonne,
> Seigneur, que vous n'existez pas !

« Et tu ne tonnes pas ! et les cris de tant d'infortunés ne montent pas jusqu'à toi ! et tu laisses
un pauvre diable de poëte se charger de leur
vengeance, et tonner seul sur ces scélérats et
sur l'horrible tribunal ! »

> Ils vivent cependant ! et de tant de victimes
> Les cris ne montent pas vers toi !
> C'est un pauvre poëte, ô grand Dieu des armées !
> Qui seul, captif, près de la mort,
> Attachant à ses vers les ailes enflammées
> De ton tonnerre qui s'endort,
> De la vertu proscrite embrassant la défense,
> Dénonce aux juges infernaux
> Ces juges, ces jurés qui frappent l'innocence,
> Hécatombe à leurs tribunaux !
> Eh bien ! fais-moi donc vivre, et cette horde impure
> Sentira quels traits sont les miens !
> Ils ne sont point cachés dans leur bassesse obscure ;

Je les vois, j'accours, je les tiens (1) !

. . . .

Fils d'Archiloque, fier André,
Ne détends point ton arc, fléau de l'imposture.
Que les passants, pleins de tes vers,
Les siècles, l'avenir, que toute la nature
Crie à l'aspect de ces pervers :
« Hou ! les vils scélérats ! les monstres ! les infâmes !
De vols, de massacres nourris !
Noirs ivrognes de sang, lâches bourreaux de femmes
Qui n'égorgent point leurs maris,
Du fils tendre et pieux, et du malheureux père
Pleurant son fils assassiné,
Du frère qui n'a point laissé dans la misère
Périr son frère abandonné.
Vous n'avez qu'une vie, ô vampires !.........
Et vous n'expierez qu'une fois,
Tant de morts, et de pleurs, de cendres, de décombres,
Qui contre vous lèvent la voix ! »

Il est difficile d'imaginer une plus superbe et
plus âpre puissance d'invective. Cette formidable
huée contre les « tyrans de la France asservie »
remplit presque tous les *Iambes*, et l'on pourrait
citer telle autre page qui dépasse encore en
virulence celle qu'on vient de lire ; par exemple
celle qui commence ainsi : *Vingt barques, faux
tissus de planches fugitives*, où le poète nous peint

(1)   O Dieu vivant, mon Dieu ! prêtez-moi votre force,
Et moi qui ne suis rien, j'entrerai chez ce Corse
Et chez cet inhumain,
Secouant mon vers sombre et plein de votre flamme,
J'entrerai là, Seigneur, la justice dans l'âme
Et le fouet à la main...
Ces beaux vers de Victor Hugo (*Châtiments*, II, 7) ne sont pas
sans quelque analogie avec ceux de Chénier, quoiqu'ils n'en soient
certainement pas inspirés : l'iambe de Chénier n'a été connu qu'en
1872.

la crapuleuse débauche de tous les *porte-plumets,*
ces *commis de carnage,* cet *horrible aréopage de
voleurs et de meurtriers, allumé par les chaleurs bru-
tales du bordeaux, tribunal impie, qui mange, boit,
rote du sang...* Et l'auteur, comme pour excuser
la triviale audace de sa Muse, se hâte d'ajouter :

> Car qui peut noblement de leur bande perverse
> Rendre les attentats fameux ?
> Ces monstres sont impurs : la lance qui les perce
> Sort impure, infecte comme eux.

Ailleurs sa verve satirique se tourne non plus
contre les bourreaux, mais contre les victimes
elles-mêmes, dont l'incurable frivolité l'exaspère.
On sait quel singulier spectacle offrirent durant
ces jours tragiques les prisons de Paris malheureusement trop peuplées. Alfred de Vigny, dans
un des plus remarquables épisodes de son roman
de *Stello,* nous a dépeint l'incroyable insouciance
des prisonniers et des prisonnières enfermés
dans le réfectoire de Saint-Lazare, riant, dansant,
chantant, s'amusant à mille gentillesses, et
entre autres à cet horrible jeu de la guillotine, que
saluaient chaque fois les acclamations ou les
huées railleuses de l'assistance : on montait sur
une chaise, et l'on basculait, comme sur la place
de la Révolution et c'était à qui tomberait avec
le plus d'élégance. André Chénier avait été témoin
de ces lugubres et puériles distractions où
s'étourdissait l'esprit de ceux qui allaient peut-
être mourir le lendemain, et dans le silence du
cachot il avait consacré un iambe à flageller la
folle insensibilité de ses compagnons d'infortune :

On vit ; on vit infâme. Eh bien ! il fallut l'être ;
    L'infâme, après tout, mange et dort.
Ici, même en ces parcs où la mort nous fait paître,
    Où la hache nous tire au sort,
Beaux poulets sont écrits ; maris, amants sont dupes.
    Caquetage, intrigues de sots.
On y chante, on y joue, on y lève des..... ;
    On y fait chansons et bons mots ;
L'un pousse et fait bondir sur les toits, sur les vitres,
    Un ballon tout gonflé de vent,
Comme sont les discours des sept cents plats bélîtres,
    Dont Barère est le plus savant.
L'autre court, l'autre saute ; et braillent, boivent, rient
    Politiqueurs et raisonneurs ;
Et sur les gonds de fer soudain les portes crient :
    Des juges tigres nos seigneurs
Le pourvoyeur paraît. Quelle sera la proie
    Que la hache appelle aujourd'hui ?
Chacun frissonne, écoute ; et chacun avec joie
    Voit que ce n'est pas encore lui.
Ce sera toi demain, insensible imbécile ! .

Cependant les jours se passent : ce n'est pas
encore la mort, mais ce n'est déjà plus la vie.
André ne peut se faire à la pensée de végéter
obscurément, si loin de ceux qu'il aime, et de
ne plus percevoir aucun bruit du monde. Il cesse
un moment de maudire ses tyrans, pour laisser
échapper un soupir de découragement. Il songe
avec amertume à son frère Marie-Joseph, qui
siège en ce moment à la Convention, et qui
remplit à la fois la scène et la tribune ; il songe
à ses amis en liberté, qui se sont lassés peut-être
d'intercéder pour lui et qui n'essaient même
plus de le tirer des griffes du lion populaire.
Mourir est peu de chose ; mais être ainsi oublié !

être ainsi parqué comme un mouton avec tout un troupeau qu'on destine à la boucherie, sans qu'aucune âme compatissante vous distingue et vous pleure ! C'est là qu'est le vrai supplice !

> Quand au mouton bêlant la sombre boucherie
> Ouvre ses cavernes de mort,
> Pâtres, chiens et moutons, toute la bergerie
> Ne s'informe plus de son sort.
> Les enfants qui suivaient ses ébats dans la plaine,
> Les vierges aux belles couleurs
> Qui le baisaient en foule, et sur sa blanche laine
> Entrelaçaient rubans et fleurs,
> Sans plus penser à lui, le mangent s'il est tendre.
> Dans cet abîme enseveli
> J'ai le même destin. Je m'y devais attendre.
> Accoutumons-nous à l'oubli.
> Oubliés comme moi dans cet affreux repaire,
> Mille autres moutons, comme moi,
> Pendus aux crocs sanglants du charnier populaire,
> Seront servis au peuple-roi !

Des iambes écrits à Saint-Lazare, les plus célèbres sont, à coup sûr, ceux qu'on a coutume d'intituler *Derniers vers d'André Chénier*. (*Comme un dernier rayon.....*) On connaît le pieux et maladroit artifice du premier éditeur, qui a coupé arbitrairement cette pièce après le quinzième vers pour nous attendrir davantage sur la cruelle destinée du poëte interrompu par l'arrivée du bourreau, au moment même où il évoquait sous sa plume cette sinistre image. Sont-ce là vraiment les derniers vers sortis de la plume d'André Chénier ? D'abord il faut remarquer qu'après le fatal hémistiche où il est question de *corridors sombres*, le poëte en a composé soixante-treize autres qui

lui font immédiatement suite dans le manuscrit.
D'ailleurs il est à peu près impossible d'admettre
que cette pièce, considérée dans son ensemble,
ait pu être faite quelques heures seulement avant
la guillotine. André fut transféré à la Conciergerie
la veille de sa comparution devant le tribunal
révolutionnaire, et ce n'est certainement pas dans
cette dernière prison qu'il eut le loisir ni la
facilité d'écrire ces vers et de les communiquer
en secret à sa famille, comme il avait fait pour
les précédents : la date la plus extrême que l'on
puisse assigner à cette pièce est donc celle du 5
thermidor ; mais rien n'indique que la date exacte
n'ait pas été antérieure de plusieurs jours ou
même de plusieurs semaines. Au reste, qu'importe ? La fin d'André Chénier n'a pas besoin
d'être enjolivée par toutes ces inutiles légendes: la
vérité simple est déjà assez belle et assez tragique.
Que ces vers aient été écrits quelques jours plus
tard ou plus tôt, ils n'en sont pas moins poignants ;
ils méritent bien d'être appelés les derniers vers
d'André, car le poète y a mis toute son âme. Les
sentiments exprimés déjà dans les autres iambes
se retrouvent condensés et comme épurés dans
celui-ci : l'indignation, tout aussi véhémente,
y est plus sereine ; l'invective y est moins brutale ;
la pensée de la mort elle-même y est moins
amère.

Mourir n'est rien, mourir est même une douce
chose, quand cette mort nous délivre des turpi-
tudes de la terre ; et pourtant mourir sans vider
son carquois, sans venger le droit opprimé, sans
faire triompher la justice : quel regret ! Il faut

donc vivre : la vie d'un honnête homme importe à la vertu.

Comme un dernier rayon, comme un dernier zéphyre
　　Animent la fin d'un beau jour,
Au pied de l'échafaud j'essaie encor ma lyre.
　　Peut-être est-ce bientôt mon tour;
Peut-être avant que l'heure en cercle promenée
　　Ait posé sur l'émail brillant,
Dans les soixante pas où sa course est bornée,
　　Son pied sonore et vigilant (1),
Le sommeil du tombeau pressera ma paupière.
　　Avant que de ses deux moitiés
Ce vers que je commence ait atteint la dernière,
　　Peut-être en ces murs effrayés
Le messager de mort, noir recruteur des ombres,
　　Escorté d'infâmes soldats
Ebranlant de mon nom les longs corridors sombres,
　　Où seul, dans la foule à grands pas,
J'erre, aiguisant ces dards persécuteurs du crime,
　　Du juste trop faibles souliens,
Sur mes lèvres soudain va suspendre la rime,
　　Et chargeant mes bras de liens,
Me traîner, amassant en foule à mon passage
　　Mes tristes compagnons reclus,
Qui me connaissaient tous avant l'affreux message
　　Et qui ne mé connaissent plus !
Eh bien, j'ai trop vécu.......

　..... Ah ! lâches que nous sommes !
　　Tous, oui, tous. Adieu, terre, adieu !
Vienne, vienne la mort ! que la mort me délivre !...
　　Ainsi donc mon cœur abattu
Cède au poids de ses maux ! Non, non, puissé-je vivre,
　　Ma vie importe à la vertu !

(1) Faut-il féliciter André Chénier d'avoir pu faire une aussi savante périphrase presque au pied de l'échafaud? Mieux vaut constater que ces élégances aujourd'hui surannées, fréquentes dans les *Elégies*, sont extrêmement rares dans les *Iambes*.

Car l'honnête homme enfin, victime de l'outrage,
        Dans les cachots, près du cercueil,
Relève plus altier son front et son langage,
        Brillant d'un généreux orgueil.
S'il est écrit aux cieux que jamais une épée
        N'étincellera dans mes mains,
Dans l'encre et l'amertume une autre arme trempée
        Peut encore servir les humains.

Justice ! vérité !.. . . . .
        Sauvez-moi. Conservez un bras
Qui lance votre foudre, un amant qui vous venge.
        Mourir sans vider mon carquois !
Sans percer, sans fouler, sans pétrir dans leur fange
        Ces bourreaux barbouilleurs de lois,
Ces vers cadavéreux de la France asservie,
        Egorgée !... O mon cher trésor,
O ma plume ! Fiel, bile, horreur, dieux de ma vie !
        Par vous seuls je respire encor...
Nul ne resterait donc pour attendrir l'histoire
        Sur tant de justes massacrés,
Pour consoler leurs fils, leurs veuves, leur mémoire,
        Pour que des brigands abhorrés
Frémissent aux portraits noirs de leur ressemblance !
        Pour descendre jusqu'aux enfers
Nouer le triple fouet, le fouet de la vengeance
        Déjà levé sur ces pervers !
Pour cracher sur leurs noms, pour chanter leur sup-
        Allons ! étouffe tes clameurs !   [plice !
Souffre, ô cœur gros de haine, affamé de justice !
        Toi, vertu, pleure, si je meurs !

« Quel plus beau vers, a dit avec raison M. Becq
de Fouquières, pouvait clore l'œuvre et la vie
du poète ? »

Les *Iambes* d'André Chénier font naturellement
songer à d'autres vers que la même muse, la
Muse Indignation, a inspirés à d'autres poètes, à

d'Aubigné, à Barbier, à Hugo. L'infériorité de Chénier vis-à-vis de ces trois grands noms est trop manifeste pour qu'il en puisse coûter à personne de le constater. Tous les trois ils ont fait ce que Chénier n'a pu faire contraint par l'impitoyable nécessité de sa destinée : ils ont fait une œuvre achevée et complète. D'Aubigné dans ses *Tragiques* a composé plus qu'une simple satire : c'est un magnifique poème, presque une épopée, où le poète a mis tout son génie puissant et confus, sa foi vivace et ardente, ses haines furieuses contre les ennemis de son culte, et où il a évoqué en une suite de tableaux aveuglants toutes les horreurs de la guerre civile, le cliquetis des armes, la flamme des bûchers, les cris des suppliciés, et jusqu'à la sublime vision du Jugement dernier. Barbier, lui, ressemble davantage à Chénier, il lui a d'ailleurs emprunté la forme même de sa poésie, l'iambe redoutable ; venu après le grand effort de la rénovation romantique, il a puisé à des sources de poésie que Chénier ne connaissait pas encore : sa langue est plus riche, sa rhétorique est plus parfaite : mais il a fait œuvre d'art autant que de passion : l'*Idole* et la *Curée* sont des Iambes tels que Chénier eût pu en faire, s'il avait survécu à la Terreur. Quant à Victor Hugo, ses *Châtiments* restent, par la violence de l'invective et la richesse de l'imagination, le modèle qui ne pourra certainement pas être surpassé : œuvre unique, où se mêlent toutes les colères et tous les mépris, tous les rires et toutes les insultes, tous les rythmes aussi, et tous les enchantements de la poésie, œuvre qu'était seul capable de créer le plus grand évocateur d'images qui a jamais paru dans aucun temps.

A côté de ces œuvres magistrales, les douze ou quinze pages de Chénier, lambeaux mal cousus et inachevés, semblent peu de chose. Mais dans ces imperfections mêmes on reconnaît la marque tragique de la nécessité. Le poète de Saint-Lazare a mis autre chose dans ses vers que les fumées de son imagination : il y a mis réellement son sang et sa vie. Cette poésie n'a pas été composée dans les calmes loisirs d'un cabinet d'études, mais au fond d'une prison, dans l'anxieuse attente de la mort. Voilà qui suffirait à assigner aux *Iambes* de Chénier une place d'honneur dans notre littérature. D'autres auteurs ont pu faire œuvre plus artisti- que et plus parfaite ; mais celle-ci est bien la plus noble et la plus poignante qui soit jamais sortie du cœur d'un poète.

CHAPITRE XI

L'ART.

On peut différer d'avis sur le talent de Chénier, et, en fait, on a diversement apprécié depuis cinquante ans le mérite des *Bucoliques* et des *Elégies* ; mais il est un point sur lequel tous les critiques (sauf un seul, Edmond Schérer) s'accordent pleinement : c'est que Chénier a été un grand artiste. Là réside surtout l'originalité de sa poésie. Il n'en jugeait pas ainsi lui-même, à voir l'insistance qu'il met à se réclamer de la seule nature, et à médire des ressources de l'art :

> L'art, des transports de l'âme est un faible interprète ;
> L'art ne fait que des vers, le cœur seul est poète.

Belle profession de foi, comme les auteurs aiment à les prodiguer : mais en pareille matière on peut à bon droit se méfier de leur sincérité ou de leur clairvoyance. Tous les poètes sans exception, même Boileau dans l'*Ode sur la prise de Namur*, ont toujours prétendu être en proie à un démon vainqueur, alors même qu'ils alignaient laborieusement leurs rimes : leur témoignage

peut donc être récusé. Il n'a jamais suffi d'avoir
un cœur pour être poëte, encore faut-il « faire
des vers » : et l'on peut affirmer que nul en
France, jusqu'à Chénier, n'avait aussi bien su les
faire que lui.

Malgré tous les pleurs qu'ont fait couler la *Jeune
Captive*, *Myrto* la *Jeune Tarentine*, et le *Malade*,
l'auteur de ces pièces exquises et raffinées ne
doit pas être mis au rang des poètes exception-
nellement grands par le sentiment, c'est-à-dire
des Racine, des Lamartine et des Musset. On
serait assurément malvenu de prétendre qu'André
ait été insensible : il y aurait une cruelle injustice à faire semblable reproche à celui qui a su
haïr si fortement ses ennemis, et aimer la liberté
jusqu'à la mort. Mais si l'on excepte les *Iambes*,
qui sont un superbe cri de colère impuissante
(et où l'on découvrirait même aisément parfois une
préoccupation excessive de la forme), il faut avouer
que l'œuvre de Chénier est plutôt gracieuse
qu'émue, et vraiment émouvante. Dans les *Bucoliques*, l'auteur, par un prodige de goût et d'érudition, est parvenu à nous rendre en partie le sentiment de l'antiquité ; mais ce sentiment ne nous
arrive qu'attiédi et adouci par l'imitation : nous
admirons le poète bien plus que nous ne compatis-
sons aux souffrances du Malade ou à la tristesse
de Néère. L'*Hermès* a beau être inspiré par « l'a-
mour des humains et de la vérité » : le sentiment
ne tient aucune place dans cet exposé de la doctrine naturaliste et panthéistique de l'Encyclopédie. Quant aux *Elégies*, il y est certainement
beaucoup question d'amour ; mais, à part quel-

ques gracieuses strophes à Fanny, les cris de passion du poète ne sont guère que l'écho volontaire et amoindri des plus beaux vers de Tibulle et d'Ovide ; les sentiments qu'on y trouve appartiennent moins au poète qu'au genre ; les transports et les désespoirs y sont tellement prévus qu'ils nous touchent peu : nous nous intéressons surtout à la façon dont ils sont exprimés ; car nous savons bien que, malgré toutes ses hyperboles, le poète aime encore plus sa Muse qu'il n'aime sa Camille.

Si le sentiment est assez court chez André Chénier, ce n'est pas parce que l'imagination prédomine. Non ; malgré toutes les belles promesses de l'*Invention*, telle n'est pas la qualité dominante d'André. Chez lui, l'imagination consiste surtout à tirer parti d'une matière, à l'orner, à l'enrichir, à découvrir une épithète, un mot, un détail, à mettre chacun de ces petits tableaux dans leur vrai jour. Faculté rare et précieuse, mais qu'il ne faudrait pas confondre avec l'imagination vraiment créatrice qui soutient et vivifie la pensée. Il y a peu de souffle dans la poésie de Chénier ; les périodes tournent court ; les inventions les plus heureuses sont parfois aussi les moins bien remplies ; on devine trop souvent la pénurie des images. C'est que jamais, chez lui, l'image ne précède et ne crée l'idée : ce procédé dangereux, mais essentiellement poétique, lui est absolument inconnu. Au fond il reste de l'école de Boileau : il pense clairement avant de voir, et après avoir pensé, il cherche l'image la plus convenable. L'image ainsi cherchée n'est jamais imprévue ; elle

est souvent exacte et brillante, parfois aussi, elle
est médiocrement originale : les agneaux, les
brebis, les colombes reviennent trop souvent:
commodes métaphores dont le poète se contente
facilement. On aurait trop beau jeu, si l'on oppo-
sait la fantaisie exubérante et démesurée de Victor Hugo, à l'industrie gracieuse de Chénier.
Mais, sans choisir un exemple aussi écrasant, que
l'on compare seulement l'*Idole* ou la *Curée* à la
plus belle page des *Iambes* : on verra bien vite de
quel côté sont, je ne dis pas la sincérité, mais le
souffle poétique et la puissance créatrice.

Ce n'est donc ni par le sentiment ni par l'imagination qu'André Chénier a excellé ; c'est plutôt
par le savant usage qu'il a fait des ressources de
son art. A tout prendre, et si l'on peut séparer
ainsi ces deux termes, il est moins un poète qu'un
artiste. On le reconnaît à certains signes bien
caractéristiques, avant même d'entrer dans l'examen détaillé de ses œuvres.

Il a, comme les classiques, le culte et même la
superstition des modèles ; il croit que la poésie
s'apprend à l'école de ceux qui nous ont précédés,
qu'elle consiste à rivaliser avec eux, qu'elle
réside tout entière dans le savoir, et dans le savoir-
faire. Aussi chérira-t-il surtout, parmi les poètes,
ceux qui ont été, non pas les plus simples, mais les
plus habiles. Sans doute il aime Homère; mais c'est
un Homère qui ressemble un peu à celui qu'a aimé
Boileau, un Homère qui a dérobé la ceinture de
Vénus. Par-dessus Homère, il aime les Alexandrins, ces joailliers de la poésie antique, et parmi
les Latins Ovide, ce dilettante, et Virgile, ce grand

artiste : la lecture de certains vers des *Géorgiques*
lui arrache ce cri : « Quels vers ! et comment
ose-t-on en faire après ceux-là ! » Ailleurs il dit
encore : « Je n'ose pas écrire mes vers après ceux-
là ! » On sent qu'il admire moins Virgile pour
nous avoir peint les fureurs de Didon, que pour
avoir été un impeccable ciseleur de mots, un
merveilleux évocateur de sons et de couleurs.

On n'a d'ailleurs qu'à jeter un coup d'œil sur
l'aspect général de l'œuvre d'André Chénier, pour
voir le prix qu'il attache à la forme : ce ne sont
que matériaux épars et disjoints, destinés à former
quelque jour un ensemble savamment combiné :
ici l'on rencontre un vers tout fait qui attend sa
place, là un simple hémistiche, ou même une
épithète ; des passages entiers sont marqués par
l'auteur comme insuffisants, et devaient être remis
une vingtième fois sur le métier ; d'autres devaient être transposés pour produire tout leur
effet : on dirait quelque ingénieux et compliqué
système d'horlogerie, où chaque pièce serait
limée et polie à part, avant d'être montée. Rien
n'est curieux à étudier comme cette œuvre de
patience, qui s'élaborait obscurément dans l'officine du poète. On éprouve bien, tout d'abord,
quelque désenchantement, et l'on est tenté de
dire : Eh quoi ! Cette divine poésie, si pure et si
nombreuse, qui semblait couler comme le miel de
l'Hymète, voilà comment on la fabrique ! Mais
bientôt on se prend à penser que ces artifices sont
un peu la besogne nécessaire de tous les poètes,
et qu'André est seulement coupable de nous avoir
laissé apercevoir ce que les autres mettent tant de

soin à cacher : on finit alors par rendre hommage à cet art incessant et merveilleux, sans lequel, quoi qu'on dise, il est peu de grands poètes, et l'on comprend que l'auteur lui-même se soit comparé avec fierté à la diligente abeille.

Par sa méthode de travail, Chénier est donc un grand artiste ; il l'est encore par ce scrupule infini qui lui faisait retoucher sans cesse les pièces une fois faites, et qui l'a empêché, en somme, de rien publier. A une époque où Lebrun accablait le public de ses grands et de ses petits vers, où Marie-Joseph était impatient de se faire applaudir à la scène, André, s'enfermant dans la contemplation solitaire de son idéal, travaillait sans relâche, et n'osait rien publier, non pas qu'il redoutât la censure, mais parce qu'il poursuivait sans relâche l'inaccessible Beauté. Quel est le peintre ou le poète, quel est l'artiste digne de ce nom, qui, au moment de se séparer de son œuvre, n'a pas éprouvé un peu les mêmes scrupules et les mêmes déchirements ? Mais chez André ce sentiment était si fort, qu'on peut douter qu'il eût jamais achevé ses vers, eût-il vécu vingt ans de plus.

En quoi consiste cet art si raffiné ? Il est très difficile de le dire d'une manière juste et complète. Qui pourrait se flatter d'analyser de quels éléments est fait le style d'un grand écrivain ? Un des derniers critiques qui se soient occupés d'André Chénier s'est ingénié, avec une admirable patience, à noter toutes les particularités de la langue et du style du poète, et il n'est arrivé qu'à nous donner une idée très imparfaite de

cette poésie. Signalons cependant, très sommai-
rement, les figures ou les tours qui reviennent le
plus souvent sous la plume de l'auteur.

Les hellénismes ou latinismes purs y sont beaucoup plus rares que chez Ronsard ; c'est à peine
si l'on peut remarquer quelques tournures empruntées aux anciens auteurs, principalement
aux Latins : par exemple, *moi, celle qui le plus*
(*Néère*) ; ou bien *tendre les mains à la prière*
(*l'Aveugle*) ; ou encore *qui n'a (n'aurait) pas dû
rester pour voir mourir son fils (Le Malade)*, et quelques autres. Mais c'est, en somme, peu de chose,
et l'on peut dire que si l'inspiration de Chénier
est parfois toute latine ou toute grecque, sa
langue ne cesse jamais d'être purement française.

Notons l'emploi assez habituel des épithètes
de nature, chères aux poètes primitifs ou à leurs
imitateurs : *les olives huileuses, les figues mielleuses, l'amphore vineuse, la coupe aux deux anses,
le doux cytise et les sapins résineux*, etc.

Remarquons encore l'extrême fréquence des
répétitions, dont l'auteur use et abuse même, au
point de communiquer à son style une chaleur
un peu factice. Le début du *Malade* en offre un
exemple frappant : *Dieu sauveur, dieu des savants mystères, Dieu de la vie, et dieu.... etc...,
prends pitié de mon fils, de mon unique enfant,
prends pitié de sa mère qui... ne vit que pour lui,
qui meurt abandonnée.... Assoupis, assoupis cette
fièvre brûlante.... Ces mains, ces vieilles mains orne-
ront ta statue.* Dans une autre bucolique, le
retour plaintif du mot *Néère* ajoute aussi un
grand charme. Mais ailleurs ces répétitions

peuvent sembler un peu forcées : ces tours trop
pathétiques contrastent avec ce que l'inspiration
du poète a de court et d'apprêté. Il faut être
Victor Hugo pour oser jeter une page entière, et
quelquefois toute une ode, dans un même tour
indéfiniment prolongé. Chez André, on sent
trop que la poésie bat des ailes et cherche à
prendre son vol, mais que les forces lui manquent encore.

On en peut dire autant des accumulations de
mots :

> Va, vient, chante, se tait, regarde, écoute, oublie...
>
> (*La Frivolité.*)

et des exclamations redoublées :

> O cieux, ô terre, ô mer, prés, montagnes, rivages,
> Fleurs, bois mélodieux, vallons, grottes sauvages...
>
> (*Néère.*)

Ce sont là des prouesses artistiques que la
muse française avait un peu désapprises après
Ronsard, et auxquelles elle s'exerce de nouveau
à la veille de la renaissance romantique.

Mais c'est principalement à l'art de la description que s'est appliquée la savante habileté de
Chénier. André appartient à cette trop fameuse
école de la périphrase, dont on a tant médit. On
a beau railler, et fort justement, les lourdes
élégances de Delille, il n'en est pas moins vrai
que l'usage des périphrases est une condition
essentielle de la poésie. Appeler toujours un

chat un chat peut être une excellente règle de morale, mais ne peut être admis comme un précepte poétique. Le poëte s'ingénie au contraire le plus souvent à appeler les choses autrement que par leur nom. Quand Victor Hugo nous parle de la *neige odorante du printemps,* il entend tout simplement les fleurs des amandiers ou des abricotiers : il n'a fait autre chose qu'une délicieuse périphrase. Mais il y a périphrase et périphrase. Il y a la périphrase image qui enrichit le terme simple, comme dans l'exemple qui vient d'être cité, et la périphrase définition, toujours inutile, qui, si elle est complète, ne fait qu'alourdir l'idée simple, et, si elle est incomplète, la décolore et l'appauvrit. Appeler un mouchoir un *tissu,* ou un fusil un *tube,* est un pur contre-sens poétique : car c'est substituer à un terme particulier un terme général, c'est-à-dire au terme propre un terme impropre, qui n'est qu'une définition inintelligible et tronquée. Ces périphrases-là abondent malheureusement chez André Chénier : il serait facile d'en relever plusieurs qui peuvent rivaliser avec les plus extraordinaires de l'abbé Delille. Sans parler de la célèbre périphrase de l'horloge, faite à Saint-Lazare, en voici quelques autres moins connues et tout aussi curieuses :

— Je reviendrai dans deux ans :

> Si je vis, le soleil aura passé deux fois
> Dans les douze palais où résident les mois,
> D'une double moisson la grange sera pleine,
> Avant que dans vos bras la voile me ramène.

— La maîtresse de Chénier prend une tasse
de café au lait ou de chocolat :

> Pour elle, en ce moment, au sortir de son lit,
> Dans ces coupes dont Sèvres, émule de la Chine,
> Façonne et fait briller la pâte blanche et fine,
> Les glands dont l'Yémen recueille la moisson
> Mêlent aux flots de lait leur amère boisson,
> Ou du noir cacao la liqueur onctueuse
> Teint sa bouche et ses lis d'une empreinte écumeuse.

— Le concierge de Camille :

> Le gardien de tes murs, ce vieillard qui m'admire,
> M'a vu passer le seuil...

— Une voiture d'enfant :

> L'axe de l'humble char à tes jeux destinés...

— Un télescope : *l'œil perçant du verre.*
— Une raquette : *un réseau noueux.*
— Un verre de lampe : *une prison de verre.*
— Une chemise : *la jalouse barrière du lin,*
etc., etc.

Inutile d'insister sur ce qu'il y a d'outré et
d'artificiel dans un pareil procédé ; mais il est
juste d'y voir aussi un effort très louable. Chénier est, parmi nos poètes, un des premiers qui
aient eu la préoccupation de représenter les
choses autrement que par leurs qualités abs-
traites. Il a possédé plus qu'aucun de ses prédécesseurs ce don d'évocation qui est, en somme,
la condition essentielle de la poésie. Il a poussé
l'art de la description jusqu'à la virtuosité : il dé-

crit un peu pour décrire, comme un Flaubert ou un Gautier. En cela il rompt franchement avec l'ancienne théorie de la description classique, que nous trouvons énoncée dans l'*Art poétique* : sans apporter l'intempérance d'un Saint-Amant ou d'un Scudéry, qui se perdaient dans la peinture d'un palais ou d'un vaisseau, il ne recule pas devant la notation des choses accessoires ; bien plus, il semble rechercher avec prédilection ces détails qu'un Boileau aurait dédaigneusement rejetés comme trop minutieux et indignes de la poésie. Dans le poème inachevé de *Suzanne*, Chénier a inséré cette note curieuse : « Lorsque Suzanne voudra descendre, la nuit, dans ses jardins, deux de ses femmes lui mettront aux pieds une chaussure qu'il faudra peindre : ce sera comme des pantoufles. Mais quand elle voudra se baigner, il faudra peindre la chaussure que ses femmes lui ôteront et qui ne sera point la même, et peindre aussi tous ses vêtements à mesure qu'elles l'en dépouilleront. » Voilà des chaussures et des vêtements qui devaient occuper, semble-t-il, une bien grande place dans une épopée : tout cela sent un art assez nouveau dans son raffinement.

Ce n'est pas seulement le costume que Chénier aime à peindre dans tous ses détails, mais aussi, ce qui est plus précieux, l'attitude des personnages. On a pu dire avec raison qu'il est le plus plastique de nos poètes. L'étude des auteurs anciens, des grands et des petits, d'Homère et de Callimaque, avait fortifié cette tendance de son génie. Il excelle à représenter les sentiments

humains par les attitudes du corps : en quoi il
fait vraiment œuvre de poète, comme dans ces
beaux vers où il nous montre un vieux père désolé, à qui son fils a été ravi :

> Un sombre ennui t'opprime et dévore ton sein.
> Sur ton siège de hêtre, ouvrage de ma main,
> Sourd à tes serviteurs, à tes amis eux-mêmes,
> Le front baissé, l'œil sec, et le visage blême,
> Tout le jour, en silence, à ton foyer assis,
> Tu restes pour attendre ou la mort ou ton fils.

Voici encore une jolie description de Diane en-
dormie :

> ... N'ayant plus de traits dans son carquois,
> Diane se repose et dort au sein d'un bois.
> Haletant sous ses pas, son jeune chien fidèle,
> L'œil sur elle attaché, vient s'asseoir auprès d'elle ;
> Muet, l'oreille droite, il attend son réveil ;
> Et si la chaste reine, au milieu du sommeil,
> Laisse vers lui tomber une main nonchalante,
> Il y va promener sa langue caressante.

Ou bien ce simple vers si pittoresque :

> Son épaule pliait sous une outre vineuse.

Parfois ce désir de peindre partout et toujours
les attitudes des personnages entraîne Chénier
jusqu'à la mièvrerie ; ce n'est plus alors Virgile
qu'il imite, mais Gessner : « Rendre cette peinture de Gessner d'une fille qui, au bord de l'eau,
mollement inclinée, retient d'une main les plis de
sa robe, et de l'autre se lave le visage, et attend
que l'eau soit calme, se regarde, et rit de se voir
si jolie... »

A. CHÉNIER.

Jamais il ne manque de décrire aussi les draperies de vêtements, les replis des robes de lin que le vent fait flotter sur le sein des vierges. Je passe sur la peinture du corps humain lui-même et surtout du corps féminin, pour lequel le poète épuise tous les termes consacrés d'albâtre, de lis, d'ivoire, de corail, de roses et d'azur : tels autrefois les bergers du Lignon décrivaient les charmes de leurs maîtresses. Mais si Chénier se sert des mêmes procédés, il les emploie incomparablement mieux, et présente volontiers à notre imagination la vision d'un bas-relief ou d'un tableau antiques. Nous savons que pendant son voyage en Italie, enflammé d'enthousiasme à la vue des chefs-d'œuvre que renfermaient les musées, il s'essayait à peindre. Dans ses œuvres poétiques, il y a aussi beaucoup de petits *quadro*, c'est-à-dire des tableaux de genre, joliment encadrés ; il y réussit bien mieux qu'aux grandes toiles. Il était vraiment né pour l'idylle (εἰδύλλιον), au sens vrai du mot. Par cette préoccupation purement esthétique des formes et des couleurs, Chénier domine infiniment tous les poètes ses contemporains, les Lebrun, les Bertin, avec lesquels il se confond plus d'une fois pour le fond des pensées et des sentiments.

Il n'est pas seulement un peintre, il est aussi un musicien :

.....Dans mon oreille un fils de Polymnie,
A qui Naple enseigna la sublime harmonie,
A laissé pour longtemps un aiguillon vainqueur,
Et son chant retentit dans le fond de mon cœur.

Poëte par l'imagination et par le cœur, André le fut aussi par l'oreille : il fut épris des beaux sons comme il l'était des belles formes et des belles couleurs : il demeure, même après le prodigieux épanouissement du romantisme, un de nos plus habiles *harmonistes*.

Ce n'est pas qu'il ait apporté de très grandes innovations dans le mètre ; il n'a pas épuisé toutes les combinaisons connues, il n'a pas rajeuni les vieux rythmes, il n'en a guère suscité de nouveaux. Il a seulement créé la strophe lyrique de dix-neuf vers (*Le Jeu de Paume*), médiocrement heureuse et d'une lourde facture ; — d'autre part, il a aménagé l'iambe, déjà employé en strophes avant lui, mais auquel il a donné sa forme définitive. Outre ces deux mètres, il s'est encore servi de strophes diverses de quatre, six ou sept vers (dans les *Odes à Fanny*). Il semble que le sonnet eût merveilleusement convenu à son art patient et raffiné : il n'en a pourtant fait aucun, par une trop scrupuleuse observation des mètres antiques. Il est surtout resté fidèle à l'hexamètre d'Homère, de Théocrite et de Virgile, c'est-à-dire à notre alexandrin français. Par là il rentrait dans la vraie tradition nationale qui commence avec Ronsard (malgré l'erreur de la *Franciade*), qui se continue par tous les grands écrivains du XVIIe siècle, et qui, avec Chénier, a été léguée à Lamartine, Hugo et Musset. Tandis que Parny et Bertin s'amusent encore aux petits vers, légers et frivoles, André, dédaigneux du succès facile, va d'emblée à l'alexandrin, qui en France est la véritable pierre de touche du poëte.

Son vers n'est pas encore cet alexandrin si magnifiquement annoncé dans la Préface de *Cromwell* ; mais il n'est déjà plus, on peut le dire, l'alexandrin classique. De Racine à Victor Hugo, Chénier marque la transition, et, en matière d'art technique et de versification, je ne sais pas s'il n'est pas déjà plus près du second que du premier.

La facture de ce vers est franche et loyale : l'auteur y maintient fermement la césure à la sixième syllabe, ce qui est une des règles constitutives de l'alexandrin français, quoi qu'en pensent nos modernes versificateurs. La rime, généralement bonne, ne pèche ni par le manque ni par le trop : elle n'est ni indigente, ni somptueuse. On pourrait seulement lui reprocher de n'avoir jamais rien d'imprévu : les adjectifs s'y rencontrent un peu trop deux par deux, et les substantifs aussi. (Voir, par exemple, dans les *Bucoliques* la pièce qui commence ainsi : *J'apprends, pour disputer...* ; voici toutes les rimes employées par Chénier : *glorieux, prodigieux; mobiles, agiles ; premier, coursier ; arides, rapides; turbulents, flancs; carrière, altière ; bondissants, retentissants.*) Il est certain qu'il n'y a pas là un grand effort d'invention : Chénier en reste, ou à peu près, à la rime des classiques, à la rime un peu trop raisonnable, prônée par Boileau ; mais il la manie avec l'art consommé d'un Racine.

Où il prend de plus grandes libertés avec la tradition, et rompt franchement avec la monotonie classique, c'est dans la coupe du vers et la disposition des accents. On sait avec quelle âpreté un peu puérile Malherbe s'était élevé contre les rejets et les enjambements. Cette prohibition faisait encore, après cinquante ans, la joie de Boileau, qui s'écriait dans un accès d'enthousiasme naïf :

> Et le vers sur le vers n'osa plus enjamber !

En effet le vers du XVIIe siècle n'enjambe presque jamais. Racine, qui a tiré tant de merveilleux effets des ressources assez restreintes que lui offrait la versification de son temps, a rarement eu recours à ce procédé de l'enjambement, qu'il considérait sans doute comme une grave licence : il s'y est amusé seulement dans les *Plaideurs*, où il s'est permis d'ailleurs bien d'autres joyeuses fantaisies. Chénier est le premier qui ait rompu l'uniformité musicale du vers, et qui ait supprimé ce qu'on appelle assez irrévérencieusement le ronron monotone de l'alexandrin. Ses innovations peuvent nous sembler timides, en regard des excentricités rythmiques auxquelles nous sommes habitués, mais elles sont déjà très hardies pour l'époque. André pratique ouvertement le rejet et l'enjambement, à l'exemple des anciens et surtout de Virgile ; mais il faut ajouter qu'il ne le pratique qu'à bon escient, pour produire un effet certain, et non par une simple virtuosité d'artiste. Qu'on en juge par ces vers exquis de l'*Aveugle*, où il nous peint la démarche hésitante du vieillard :

> C'est ainsi qu'achevait l'aveugle en soupirant,
> Et près des bois marchait, faible, et sur une pierre
> S'asseyait. Trois pasteurs, enfants de cette terre,
> Le suivaient, accourus aux abois turbulents
> Des molosses, gardiens de leurs troupeaux bêlants.

Et dans le *Malade* :

> Ma mère, adieu, je meurs ; et tu n'as plus de fils.
> Non, tu n'as plus de fils, ma mère bien-aimée.
> Je te perds. Une plaie ardente, envenimée,
> Me ronge ; avec effort je respire. et je crois
> Chaque fois respirer pour la dernière fois.
> Je ne parlerai pas ; adieu...

Ce dernier passage appelle naturellement la comparaison avec les harmonieuses plaintes de Phèdre languissante : on voit alors comment deux grands artistes ont pu, presque à l'aide des mêmes mots, mais avec des procédés différents, produire une semblable impression d'accablement et de tristesse. Ces rejets sont fréquents sous la plume de Chénier, et ils sont presque tous du plus heureux effet, sauf peut-être celui de l'ode sur le *Jeu de paume* qui peut sembler affecté (1).

Cette conquête poétique en entraîne du même coup plusieurs autres, à savoir la mobilité des césures et des accents. Le vers purement classique, le vers type, comme ceux-ci :

> Oui, je viens dans son temple adorer l'Eternel,
> Je viens, selon l'usage antique et solennel,
> Célébrer avec vous la fameuse journée,...

avec le sens terminant le vers, et les quatre im-

(1) Une lourde strophe de dix-neuf vers s'appuie tout entière sur un rejet monosyllabique, qui commence la strophe suivante.

XI

> . . . .
> . . . la belle Liberté,
> Altière, étincelante, armée,

XII

Sort.

muables accents placés généralement à la troisième, à la sixième, à la neuvième et à la douzième syllabe, se représente assez souvent chez André ; mais il est presque toujours enchâssé entre d'autres vers, d'une allure beaucoup plus libre, où les césures sont moins prévues et où le nombre et la place des accents sont variables (sauf naturellement les accents obligés de l'hémistiche et de la rime). Le début de la *Jeune Locriénne* montrera clairement la souplesse de l'art de Chénier en même temps que les progrès accomplis par l'alexandrin depuis Boileau :

> « Fuis, ne me livre point. Pars avant son retour.
> Lève-toi. Pars, adieu ! Qu'il n'entre, et que ta vue
> Ne cause un grand malheur, et je serais perdue.
> Tiens, regarde, adieu, pars : ne vois-tu point le jour ? »
> Nous aimions sa naïve et riante folie,
> Quand soudain, se levant, un sage d'Italie,
> Maigre, pâle, pensif, qui n'avait point parlé,
> Pieds nus, la barbe noire, un sectateur zélé
> Du muet de Samos qu'admire Métaponte,
> Dit:... (1).

L'habile agencement des césures et des

(1) Voici un spécimen d'un autre genre, moins parfait à mon sens, parce qu'on y sent un peu trop l'artifice et la recherche de l'harmonie imitative : l'auteur, dans l'*Amérique*, veut nous peindre l'animation d'une cité industrielle, et il s'exprime ainsi :

> Tout s'émeut et s'empresse...
> On traîne, on porte, on court. L'aigre dent de la scie
> Mord la pierre ou le bois. La lime ronge et crie.
> Sur les longs clous de fer tonnent les lourds marteaux.
> Les roues... glissent sous les fardeaux,
> Les fouets sifflent dans l'air et les chevaux dociles
> Poussent en agitant leurs sonnettes mobiles.
> Partout au loin se mêle un tumulte de voix
> Et de hennissements et de rauques abois.

accents, et surtout la mélodieuse combinaison des sons font de ce petit morceau un vrai chef-d'œuvre de vivacité et d'harmonie (1). Voilà des vers comme on n'en avait pas fait encore en France avant Chénier.

Il apparaît donc, en dernière analyse, que la qualité éminente de Chénier, son génie propre, consistent dans un sens exquis et tout nouveau de l'harmonie poétique. Le culte qu'il avait voué aux anciens y est certainement pour beaucoup. Homère, Virgile, Racine, sont une admirable école d'harmonie pour un poète : Chénier s'est abreuvé longuement à ces sources sacrées. Mais il faut aussi remarquer que sa poésie est contemporaine de cette grande et féconde renaissance musicale qui marque la seconde partie du xviiie siècle. C'est l'époque où tout le monde à Paris chante les gracieuses romances de Dalayrac, où l'on se passionne pour Gluck, où l'on fait le voyage d'Italie pour entendre jouer du Cimarosa. Chénier appartient à cette génération, et son vers s'en est heureusement ressenti. Alors que, par tant d'autres faces de son génie, il appartient encore au passé, du moins par le sens musical il est bien un homme nouveau, qui agrandit les moyens d'expression de la poésie. Il a accordé l'instrument dont Lamartine allait tirer de si magnifiques accents : il y a préludé lui-même, autant que le lui ont permis son éducation, ses goûts, et les diverses influences qu'il a subies.

CHAPITRE XII

Quand la Révolution obligea André Chénier à quitter le rêve pour l'action, il échangea du même coup la musique ailée du vers contre l'arme plus solide et plus sûre de la prose : le poète se fit journaliste et orateur. Des harangues prononcées en 1792 à la tribune des Feuillants il ne nous reste rien, sinon un témoignage d'admiration échappé à l'un de ceux qui furent les compagnons de lutte d'André ; mais les articles du *Journal de la Société de* 1789, du *Moniteur* et surtout du *Journal de Paris*, en même temps que quelques fragments manuscrits trouvés dans les papiers de l'auteur, nous montrent assez que la main qui avait ciselé ces précieuses *Bucoliques,* digne d'un Théocrite ou d'un Callimaque, savait aussi manier la nombreuse période d'un Cicéron ou d'un Démosthène.

Une chose pourtant saute aux yeux tout d'abord, quand on parcourt les œuvres en prose de Chénier : c'est, sinon l'absence, du moins la rareté des imitations antiques. Autant le poète avait indiscrètement pillé tous les trésors du Latium et de l'Attique, autant le prosateur se montre réservé

10*

et timide dans les emprunts qu'il fait aux anciens. Il y a bien çà et là quelque souvenir de Plutarque, quelque vers d'Horace, qu'on voit reluire au milieu de la prose française; mais combien ces passages sont rares ! On peut lire parfois douze ou quinze pages sans en rencontrer un seul, et l'on ne risque pas, à chaque ligne, comme dans les *Eglogues*, de donner sur la joue de Chénier un soufflet à Virgile.

Pourquoi cet apparent renoncement à l'imitation antique ? C'est, en grande partie du moins, par piété et par dévotion envers cette antiquité même.

Plutarque, Tite Live et Tacite avaient joué un grand rôle dans la Révolution française : bien des scènes populaires n'avaient été que la parodie de quelques chapitres mal compris de l'histoire grecque ou de l'histoire romaine ; tous les orateurs rappelaient à l'envi les souvenirs de la lutte des plébéiens contre les patriciens, et de l'assassinat du tyran César par le républicain Brutus ; le *Cordelier* de Camille Desmoulins était rempli de ces lambeaux d'antiquité, qui émaillaient aussi les harangues des plus obscurs sans-culottes dans les clubs jacobins. Chénier souffrait certainement de voir sa belle antiquité ainsi mise au pillage, gaspillée, profanée par des ignorants et par des fanatiques qui la ravalaient au service de leurs moins nobles passions. Robespierre et Collot d'Herbois invoquer Aristide et Caton ! Cela semblait à André un monstrueux sacrilège. Aussi s'efforce-t-il, dans tous ses articles au *Journal de Paris* et au *Moniteur*, de mettre autant que possible l'antiquité en dehors du débat, et de ne pas mêler

des choses qu'il sentait bien, avec son goût si sûr,
être foncièrement dissemblables. Il faut voir
comme il s'indigne contre Brissot, qui a eu le
malheur de citer dans le *Patriote français* une de-
vise de Caton, et d'alléguer l'exemple de Phocion!

« Ils se comparent à Caton! Caton avait-il réduit le vol
et le brigandage en principes de droit? Caton avait-il
tour à tour fatigué le dédain des rois par les adulations
les plus stupides (1) et irrité les passions d'une multitude
ignorante par des applaudissements sanguinaires? Avait-
il aiguillonné le génie des bourreaux à inventer de nouvelles tortures pour les régicides? Et avait-il ensuite
ameuté au Champ-de-Mars des bandes de prolétaires, et
les collèges des musiciens de place, vendeurs d'orviétan,
mendiants, baladins, bateleurs (2)? Et avait-il enseigné
à ce grave cortège, qu'ils étaient le peuple romain? Et
les avait-il excités à des violences contre les lois et contre
les chefs de l'Etat? Caton, grand général, grand orateur,
le premier homme de son temps dans la philosophie et
dans les lettres, implacable ennemi de tout parti, de
toute faction, de quiconque voulait faire de la chose publique sa chose privée, dut la plus grande part de sa
renommée et de sa gloire à la persévérance de ses pour-
suites contre les hommes semblables en talents et en
probité à ceux qui osent aujourd'hui écrire leur nom à
côté du sien.

Ils se comparent, ils comparent leurs complices à
Phocion! Phocion, homme constant et irréprochable en
conduite et en amitié, homme inébranlable dans les
maximes de la morale et de la vertu, est ravalé au niveau
d'hommes qui ont changé de conduite et d'amis dès qu'ils
ont changé d'intérêts, et qui n'ont employé leur esprit
et leurs talents qu'à faire plier toute morale à leurs vues

____

(1) Cette phrase et celles qui suivent visent directement Brissot,
à qui Chénier reprochait d'avoir adulé jadis le pouvoir absolu des
rois, avant d'être devenu le hardi révolutionnaire que l'on sait.

(2) Imité d'Horace (*Sat.* 1, 2).

et à leurs projets. Phocion boit la ciguë préparée par
les délateurs et les sycophantes ; et ces gens-là font
métier et marchandise de mensonge et de calomnie
contre les gens de bien. Phocion, après avoir dissuadé
la guerre, la fait lui-même avec autant d'intelligence que
de courage ; et ces gens-là, après nous avoir précipités
dans la guerre, prennent du fond de leur cabinet
toutes les mesures propres à la mal faire. Ces gens-là
ont sacrifié honneur, pudeur, vérité, patrie, aux applaudissements d'une multitude insensée ; et Phocion,
applaudi par une multitude pareille, quoique moins mé-
prisable, puisqu'elle n'était pas ameutée d'avance pour
l'applaudir, s'interrompt et demande s'il a dit quelque
sottise. Voilà comment on cherche à en imposer par des
rapprochements brillants et absurdes ; et, ne pouvant
s'associer à la gloire des grands noms, on s'efforce de
les associer à son infamie. »

C'est donc par respect pour l'antiquité, qu'André essayait de soustraire ces grands noms d'A-
ristide, de Phocion, de Caton, de Brutus aux
trivialités de la polémique ; en même temps son
éloquence y gagnait une saveur toute moderne,
qui en est la marque distinctive. Cette prose
fourmille d'allusions à des personnages ou à des
événements contemporains, elle est pleine de
vie : c'est un style de combat, armé pour la lutte.
On y trouve très peu de comparaisons et de métaphores ; quand il s'en rencontre une, ce n'est
pas une comparaison livresque, empruntée aux
auteurs : elle est d'une vérité familière et frap-
pante. André veut-il montrer la redoutable puissance des Sociétés jacobines, affiliées les unes
aux autres sur tout le territoire du pays ? Il dira :
« Ces Sociétés, se tenant toutes par la main,
forment une espèce de chaîne électrique autour

de la France ». Veut-il peindre la versatilité politique de Rœderer, habile à passer d'un parti à un autre, et à suivre les voies les plus diverses ? Il dira : « Homme entièrement semblable à un voltigeur qui court dans une arène debout sur quatre chevaux, les guidant quoique emporté par eux, adaptant son mouvement propre à tous leurs mouvements, et passant de l'un à l'autre avec une telle vélocité, que l'œil a peine à le suivre, et ne peut, en aucun instant, juger avec précision sur quelle selle il pose le pied ». Il décrira en ces termes l'état de trouble qui succède au brusque avènement de la liberté : « La forte impulsion donnée à une si pesante masse la fait vaciller quelque temps avant de pouvoir prendre son assiette ». Cette sobriété et en même temps cette précision scientifique dans l'emploi des images donnent un relief singulier à la prose un peu sévère d'André Chénier.

En cela d'ailleurs, comme en tout le reste, l'auteur restait fidèle au grand art, à l'art ancien. S'il se gardait bien de parler à tort et à travers d'Aristide et de Phocion, il s'efforçait en revanche de reproduire dans ses écrits la belle ordonnance du développement, la force des arguments, l'admirable simplicité de moyens qui font des harangues de Démosthène le chef-d'œuvre de l'éloquence humaine. On sent, à bien des passages, qu'André a été élevé à l'école de l'orateur attique, et qu'il applique les meilleurs principes de sa méthode. Voici, par exemple, un début qui rappelle la façon simple et aisée, en même temps que majestueuse, de certains exordes de Démosthène :

« Si quelqu'un, parmi vous ou hors de vous, représentants du peuple français, trouvait étrange qu'un citoyen obscur et de nulle autorité dans l'Etat vienne arrêter vos premiers regards sur les réflexions que vos devoirs lui ont fait naître, et taxait cette démarche de témérité et de présomption ; celui qui ferait une pareille remarque n'aurait pas encore assez profité des leçons de ces deux années et ne se serait pas encore élevé au niveau des institutions que nous devons aux lumières de ce siècle et au courage de vos prédécesseurs. Je crois que tous les membres qui siègent dans votre Assemblée sont fort au-dessus de mes avis. Quelques uns d'entre eux, qui me sont personnellement connus, me font ainsi juger de tous ; et toutefois je pense qu'il peut vous être utile et qu'il doit vous être agréable de voir, par mon exemple, que la nation qui vous envoie est composée d'hommes qui savent bien quelles charges ils vous ont imposées, et qui peuvent vous dire avec précision ce que la France attend de vous... »

Mais Démosthène n'a pas été le seul modèle que s'est proposé André ; Tacite aussi, « le sage et vertueux Tacite », comme il l'appelle, qui a su flétrir, en termes de feu, tous les crimes de son époque, lui apprend de quels traits il faut peindre les Nérons sans-culottes et leur sinistre cortège de délateurs que l'écume des révolutions amène toujours à la surface André rivalise avec l'auteur des *Annales* pour décrire les tortueux manèges des Jacobins, et pour imprimer à la mémoire de Collot d'Herbois et de Brissot une tare ineffaçable. Son style prend alors une vigueur nette et coupante, qui peut appeler la comparaison avec les plus vigoureux passages de Tacite. Telle est, par exemple, la belle apostrophe à Pétion, maire de Paris, qui avait osé traiter d'*intrigants* ceux qui s'opposaient à la fête organisée en l'honneur des Chateauvieux :

« Monsieur Pétion, les intrigants sont ceux qui se dévouent aux intérêts d'un parti pour obtenir des applaudissements et des dignités ; les intrigants sont ceux qui font plier ou qui laissent plier les lois sous les volontés des gens à qui ils se croient redevables ; les intrigants sont ceux qui, étant magistrats publics, flattent lâchement les passions de la multitude qui règne et les fait régner, et injurient, outragent et appellent intrigants les citoyens courageux qui ne veulent ni régner, ni obéir à d'autres lois que les lois mêmes. Voilà quels sont les intrigants ! »

De Tacite André a encore la philosophie pessimiste et un peu malveillante, qui lui fait presque toujours supposer les moins avouables calculs aux actions des hommes. Les jugements qu'il a portés sur certains personnages politiques sont pleins de cette *amertume de style* que ses adversaires lui reprochaient, et qui est aussi la marque de Tacite, en même temps que celle de cet autre sévère observateur des faiblesses humaines, qui est Jean de La Bruyère. Voici le début du portrait de Rœderer, dont la fin a été citée plus haut :

« Rœderer, homme d'une ambition rusée et versatile, de tous les hommes le plus habile à deviner d'avance les dominations prochaines, à les prévenir, à leur sacrifier sans se compromettre auprès de la domination présente, à se ménager leur faveur par des demi-services qu'il sait rendre plus ou moins importants en les mesurant juste au plus ou moins de vraisemblance du succès et à faire regarder cette indécision subtile et étudiée, comme l'effet d'une droiture désintéressée, qui ne connaît aucun parti et qui remplit tous ses devoirs avec simplicité et presque avec bonhomie. »

Les traits dont il peint Brissot et Condorcet sont empreints d'une ironie plus sanglante encore. Quelles qu'aient pu être les fautes de ces deux hommes, l'histoire proteste contre une appréciation aussi injurieuse ; mais il faut bien avouer que ces portraits sont burinés de main de maître :

« Voyez l'ami Brissot. Jadis il caressait et rois et ministres, et la police et tout le monde, et jusqu'aux bourreaux de Damiens, espérant toutefois qu'on les surpasserait en invention, comme le monde va toujours se perfectionnant. Enfin, il était bien avec tout ce qui pouvait quelque chose. Aujourd'hui, que ces idoles antiques sont renversées, il les foule aux pieds et se prosterne devant les nouvelles. Les mauvais citoyens l'ont accusé d'inconstance. Quelle ineptie ! Il encensait les puissants d'alors ; il encense les puissants d'aujourd'hui. Appelez-vous cela changer ? Il s'est fait patriote. On l'a cru sur parole, et vous voyez à quel degré de gloire et de puissance il s'est élevé.

Et le patriote Condorcet ! il n'a pas toujours été aussi ardent. Il n'aimait pas les partis fougueux et violents ; il savait craindre pour la chose publique ; il intimidait ceux qui ne doutent de rien ; il proposait de ces conseils réfléchis et raisonnés que les hommes pusillanimes appellent sages ; il haïssait surtout nos seigneurs les Jacobins ; il avait d'eux la même idée que le prince Kaunitz, et il s'exprimait sur leur compte comme une dépêche impériale ; enfin il écrivait, il parlait d'eux comme on parle aujourd'hui de lui. Jugez si des maîtres vindicatifs et rancuniers auraient digéré de pareils outrages ! Eh bien ! il est revenu ; on lui a tendu les bras, on lui a pardonné, on a oublié tout ce qu'il oubliait lui-même, et il s'assied majestueusement entre Brissot et Marat.

... Condorcet, homme né pour la gloire et le bien de son pays, s'il avait su respecter ses anciens écrits et su rougir devant sa propre conscience ; homme dont il serait absurde d'écrire le nom parmi cet amas de noms infâmes, si les vices et les bassesses de l'âme ne l'avaient redescendu au niveau ou même au-dessous de ces misérables ; puisque ses talents et ses vastes études le rendaient capable de courir une meilleure carrière ; qu'il n'avait pas eu besoin comme eux de chercher la célébrité d'Érostrate, et qu'il pouvait, lui, parvenir aux honneurs et à la fortune, dans tous les temps où il n'aurait fallu pour cela renoncer ni à la justice, ni à l'humanité, ni à la pudeur. »

On peut juger, d'après ces pages, que chez André le prosateur n'était guère inférieur au poète. La langue qu'il parle est forte et saine, solidement constituée, un peu courte peut-être et dépourvue d'images, mais très propre à la démonstration ; elle est moins vive et moins brillante que celle de Camille Desmoulins, mais elle est aussi moins déclamatoire, plus vraiment simple et éloquente.

Il semble bien en effet qu'André a possédé toutes les principales qualités de l'orateur : un solide fonds de connaissances, une dialectique forte et serrée, une élocution vigoureuse et nette, et, par-dessus tout, une entière conviction qui échauffait sa parole et portait la persuasion dans les âmes. C'est surtout ce dernier trait qui caractérise le talent d'André Chénier : à travers tous les articles qu'il a donnés aux journaux du temps circule un souffle généreux et pur, un accent de sincérité et de droiture, qui excuse aujourd'hui à nos yeux la violence de ses haines. André était bien l'honnête homme rêvé par Fénelon qui ne met sa parole qu'au service de la vérité et de la justice. Par malheur, ce beau talent a manqué d'emploi. Quel rôle eût pu jouer André Chénier à la Constituante, à côté des Mirabeau, des Barnave et des Mounier? et plus tard à la Législative devant les Vergniaud et les Brissot, qu'il eût peut-être appris à mieux connaître et à mieux estimer ? C'est ce qu'on ne saura jamais. En tout cas, nul n'eût apporté à l'œuvre commune plus de foi, plus d'enthousiasme réfléchi, ni un amour plus ardent de la France nouvelle, régénérée par la Révolution. Comme suprême témoignage du patriotisme éclairé d'André, citons en terminant une page de l'*Avis aux Français*, une des plus belles qui aient jamais été écrites pour célébrer la mission émancipatrice de la France dans le monde.

« Car, il ne faut point le perdre de vue, la France n'est point dans ce moment chargée de ses seuls intérêts : la cause de l'Europe entière est déposée dans ses mains. La révolution qui s'achève parmi nous est, pour ainsi dire, grosse des destinées du monde. Les nations qui nous environnent ont l'œil fixé sur nous et attendent l'événement de nos combats intérieurs avec une impatience intéressée et une curieuse inquiétude ; et l'on peut dire que la race humaine est maintenant occupée à faire sur nos têtes une grande expérience. Si nous réussissons, le sort de l'Europe est changé : les hommes rentrent dans leur souveraineté usurpée ; les rois, frappés du succès de nos travaux et séduits par l'exemple du roi des Français, transigeront peut-être avec les nations qu'ils

seront appelés à gouverner ; et peut-être, bien instruits
par nous, des peuples plus heureux que nous parvien-
dront à une constitution équitable et libre, sans passer par
les troubles et les malheurs qui nous auront conduits à ce
premier de tous les biens. Alors la liberté s'étend et se
propage dans tous les sens, et le nom de la France est
à jamais béni sur la terre. Mais s'il arrivait que nos discussions, nos inconséquences, notre indocilité à la loi, fissent
crouler cet édifice naissant et parvinssent à nous abîmer
dans cette dissolution de l'empire, alors, perdus pour
jamais, nous perdons avec nous pour longtemps le reste
de l'Europe, nous la reculons de plusieurs siècles, nous
appesantissons ses chaînes, nous relevons l'orgueil des
tyrans. Le seul exemple de la France, rappelé par eux
aux nations qui essaieraient de devenir libres, leur
ferait baisser les yeux. « Que ferons-nous ? se diraient-
elles ; avons-nous plus de lumières, plus de ressources
que les Français ? Sommes-nous plus riches, plus braves,
plus nombreux ? Regardons ce qu'ils sont devenus, et
tremblons ! » La liberté serait calomniée ; nos fautes,
nos folies, nos perversités ne seraient imputées qu'à
elle ; elle-même serait renvoyée parmi ces rêves philoso-
phiques, enfants de l'oisiveté ; le spectacle de la France
s'élèverait comme un épouvantail sinistre pour protéger
partout les abus et mettre en fuite toute idée de réforme
et d'un meilleur ordre de choses ; et la vérité, la raison,
l'égalité n'oseraient se montrer sur la terre que lorsque
le nom français serait effacé de la mémoire des hommes. »

CONCLUSION

Au moment de conclure cette étude, nous nous heurtons de nouveau à ces deux jugements, en apparence inconciliables, dans lesquels on a prétendu enfermer la définition du génie d'André Chénier : André est un Hellène, le dernier et le plus pur des vrais classiques ; — André est un précurseur, il est le premier des romantiques. Ce sont là autant d'affirmations trop absolues qui ne sauraient être acceptées sans de graves réserves.

André Chénier n'a été un Hellène que dans la mesure que nous avons essayé d'indiquer : c'est-à-dire qu'il a partagé l'engouement de l'époque pour les anciens, il les a aimés et cultivés avec plus de ferveur encore et certainement avec plus de goût que ses contemporains : mais il les a imités en homme du xviiie siècle, rapetissant trop souvent l'idéal grec au niveau des idées de son temps, recherchant surtout, à la façon des Alexandrins, le joli, le gracieux, l'élégant et le tendre, butinant à gauche et à droite, chez les Latins encore plus que chez les Grecs, chez les auteurs de décadence au moins autant que chez les primitifs, composant ainsi, à force d'habile industrie, quelques exquises mosaïques, vrai régal pour les seuls lettrés. Voilà en quel sens on peut dire qu'André a été un Hellène.

Classique, il l'est au fond, par la superstition qu'il conserve pour les vieux genres, par sa doctrine de l'imitation à outrance, par sa langue bien nette, mais un peu courte, plus proche de celle de Boileau que de celle de Chateaubriand, par son imagination trop claire pour être riche, par son horreur de toutes les exagérations de pensée et de style, par le prix extrême qu'il apporte à la forme, par ses scrupules d'écrivain toujours mécontent de lui-même et remettant vingt fois sur le métier son ouvrage commencé. Seulement il est un classique qui a lu Voltaire et Rousseau, et qui professe en politique, en religion et en philosophie des idées qui auraient fait frémir l'excellent Despréaux.

Romantique, il l'est très peu, pour toutes les raisons qui viennent d'être dites, et pour d'autres encore : il ne connaît pas grand'chose aux littératures étrangères, et il estime Gessner à peu près autant que Shakespeare ; il est philosophe, il est encyclopédiste, c'est-à-dire anti-chrétien, ou, si l'on préfère, non-chrétien : il ne se soucie aucunement du moyen âge, ni de l'Espagne, ni des cathédrales gothiques, ni des légendes ossianiques ; il n'a aucun penchant pour le tapage littéraire, pour les nouveautés retentissantes, pour les débordements poétiques. Autant de motifs qui l'auraient certainement empêché d'être admis dans le cénacle de 1827. En revanche, il faut bien avouer qu'il a une tendance à la mélancolie (qui lui vient de Rousseau), et que son vers « a osé enjamber », malgré l'arrêt de Malherbe : si cela suffit pour être appelé romantique, il est donc romantique.

Mais il est par-dessus tout un grand ar-tiste ; il est notre moderne Ronsard, un Ronsard venu après Boileau et après Voltaire, apportant moins de jeunesse, moins de belles illusions, moins de feu poétique que le maître vendômois, mais aussi infiniment plus de goût et plus de vrai savoir. Chénier rouvre en France les sources de la poésie depuis longtemps taries ; il ressuscite à la fin de l'âge classique la préoccupation de l'art, que le xviiie siècle, occupé à de graves controverses, avait presque oubliée ; il ravive le sentiment de la couleur, de la forme et du son ; il n'a pas le moins du monde influé sur Lamartine et sur Hugo, qui ne l'ont pas connu : mais on trouve aujourd'hui tout naturel qu'il les ait immédiatement précédés.

En même temps il a été un grand citoyen. Son héroïque combat, sa mort généreuse appartiennent à la poésie autant qu'à l'histoire. Il a montré par son exemple que le culte désintéressé de l'art non seulement n'empêche pas celui du bien, mais qu'en épurant l'âme tout entière, il la rend plus vaillante et plus ferme. Il y a eu de plus grands poètes que Chénier ; mais aucun n'a plus noblement ni plus efficacement servi la cause de la poésie, par sa vie et par ses vers. Là est la gloire, vraiment impérissable, de l'auteur des *Iambes*. Il mérite bien le juste hommage que lui a rendu un des plus exquis poètes de notre temps, impeccable artiste comme lui, et comme lui bon citoyen, épris d'un semblable idéal de beauté et de justice.

Je t'invoque, ô Chénier, pour juge et pour modèle !
Apprends-moi — car je doute encor si je trahis,
Patriote, mon art, ou, chanteur, mon pays, —
Qu'à ces deux grands amours on peut être fidèle ;

Que l'art même dépose un ferment généreux
Par le culte du beau dans tout ce qu'il exprime ;
Qu'un héroïque appel sonne mieux dans la rime ;
Qu'il n'est pas de meilleur clairon qu'un vers nom-
                      [breux ;

Que la cause du beau n'est jamais désertée
Par le culte du vrai pour le règne du bien ;
Qu'on peut être à la fois poète et citoyen,
Et fondateur, Orphée, Amphion et Tyrtée ;

Que chanter c'est agir, quand on fait, sur ses pas,
S'incliner à sa voix et se ranger les arbres,
Les fauves s'adoucir, et s'émouvoir les marbres,
Et surgir des héros pour tous les bons combats !

O maître ! tour à tour si tendre et si robuste,
Rassure, aide, et défends, par ton grand souvenir,
Quiconque sur sa tombe ose rêver d'unir
Le laurier du poète à la palme du juste.

[Sully-Prudhomme. *La Justice.*]

TABLE DES MATIÈRES

POITIERS. — TYPOGRAPHIE OUDIN ET Cie.

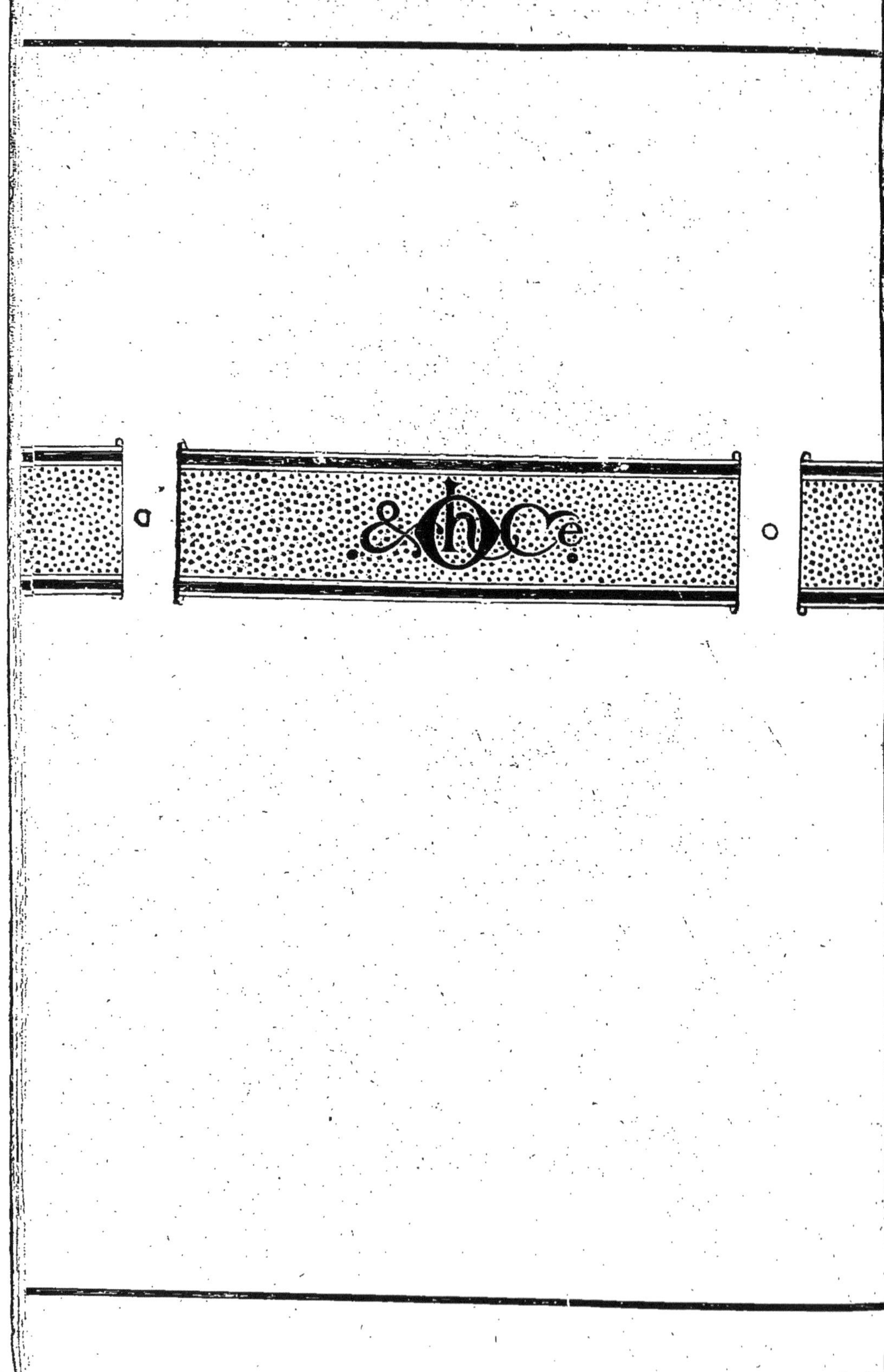